기적을 이뤄낸
아데나워 리더십

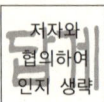

기적을 이뤄낸 아데나워 리더십

지은이 | 신 창 섭
펴낸이 | 一庚 張少任
펴낸곳 | 도서출판 답게

초판 발행 | 2012년 11월 5일
초판 인쇄 | 2012년 11월 10일

등 록 | 1990년 2월 28일, 제 21-140호
주 소 | 143-838 서울시 광진구 군자동 469-10호(2F)
전 화 | (편집) 02)462-0464 · 463-0464
         (영업) 02)469-0464 · 498-0464
팩 스 | 02)498-0463
홈페이지 | www.dapgae.co.kr
e-mail | dapgae@korea.com, dapgae@gmail.com

ISBN 978-89-7574-255-2

ⓒ 2012, 신창섭

나답게 · 우리답게 · 책답게

* 책값은 뒤표지에 있습니다.
* 잘못 만들어진 책은 구입하신 서점에서 교환해 드립니다.

기/적/을/ 이/뤄/낸
아데나워 리더십

신창섭 지음

KONRAD ADENAUER

도서출판 답게

그 어떤 일이 직면했을 때라도
그럼에도 불구하고(dennoch!)라고 말할 수 있다고
확신하는 사람, 그런 사람만이 정치에의
소명(Beruf)을 갖고 있다.

– 막스 베버, 『직업으로서의 정치』에서

현실적인 정치적 재능을
자신의 이상과 조화시킨 드문 지도자 가운데
한 사람이 바로 아데나워이다.
아데나워는 자신의 심오한 정신적 믿음을
효율적인 정치적 행동을 위한 기반으로
바꾸었던 보기드문 연금술사였다.

– 리처드 닉슨, 『지도자들』에서

■ 차례

'아데나워'를 재조명한다 • 11
책머리에 • 23

chapter 1
가장 중요한 것은 용기이다 • 30

인생 90년, 역사의 격랑을 헤치며 • 36
아데나워는 왜 위대한 정치 지도자인가 • 44
뛰어난 통찰력의 "늙은 여우" • 50

chapter 2
라인의 무명인 • 60

하급관리의 아들 아데나워 • 64 | 독일 최연소 시장이 되다 • 68
아데나워家의 프러시아식 가정교육 • 73

chapter 3
대권의 기회를 거절하며 • 76

히틀러로부터 추방당하다 • 86
다시 찾은 6개월짜리 쾰른시장 • 93

chapter 4
아데나워의 시국관 · 98
뢴도르프로의 초대 · 103 | 당내 좌파그룹을 물리치다 · 108

chapter 5
수상으로 가는 길 · 112
본을 위한 결정 · 117 | 1949년 연방의회 선거 · 120

chapter 6
단순 · 설득의 정치학 · 128
엄격한 시간 관리 · 132 | 간단명료한 업무 스타일 · 134
초인적으로 국사를 돌보다 · 138 | 신부는 신부이다 · 141

chapter 7
외교 정치가로서의 아데나워 · 144
아데나워 정치 이데올로기 · 148 | 외교 우선주의 · 151
외교관들 · 154 | 페테스부르크 협정을 체결하다 · 157
독일의 재무장 · 160 | 제네바 정치협상 · 167
서독은 핵무기를 가져야 한다 · 170

chapter 8
라인 강의 기적 · 174
아데나워식 복지개혁 · 180

chapter 9
유럽이라는 제단에 독일을 바치고 · 184
슈망플랜 · 188 | 유럽경제공동체 발족과 유럽의식의 고양 · 193
아데나워와 드골 · 194 | 독 · 불 우호 조약을 체결하다 · 199

chapter 10
아데나워의 통일관 · 210
유엔 감시하의 전독 선거 · 219 | 통일의 기회를 놓쳤는가 · 220
소련과 외교 관계를 수립하다 · 223 | 자르 지역을 귀속 받다 · 230
아데나워의 인사정책 · 233 | 이스라엘과의 화해 · 238

chapter 11
소련의 공세 · 242
케네디와의 마찰 · 247 | 베를린 장벽 · 256

chapter 12
아데나워와 언론 · 262
"테 게슈프레히"〈Tee Gespraech〉· 272

chapter 13
후계자 문제 · 276
"힘의 정치"의 종말 · 279 | 후계자 에어하르트 · 282

chapter 14
재상 민주주의 · 292
아데나워와 로비스트 정치 · 305

chapter 15
마지막 여행, 이스라엘 · 308

아데나워 연보 · 318
참고 · 인용 문헌 · 320

'아데나워'를 재조명한다

 필자가 아데나워 평전을 낸 해가 1997년 3월이었다. 15년 전이니 적지 않은 세월이 지났다. 국제적 차원에서만 아니라 국내적으로도 정치, 사회, 경제적으로 많은 변화가 있었고 지금은 다른 형태의 도전이 안팎으로 밀려들고 있는 상황이다.
 당시 대선을 앞두고 출간된 것으로 기억하는데 이번에도 대선을 앞두고 재출간하게 되는데 그렇게 된 데는 특별한 이유는 없다. 행여 오해의 소지가 없길 당부하는 마음에서 덧붙여 말하면 아데나워라는 독일 정치가와 한국 정치인을 대비, 연상시키고자 재출간한 것이 아님을 분명히 밝혀두고자 한다.
 냉정하게 이야기하자면 아데나워와 견줄만한 대한민국의 정치 지도자는 미안한 이야기지만 아직 없다는 게 내 소견이다.
 다만 지도자를 뽑는 시점에 국가와 사회를 이끌 지도자는 과연 어떤 모습이어야 하는지를 역사 속의 인물 중 한 번 탐구해 보고자 하는 의도가 있고 그 점은 지금도 유효하다고 본다.

그 이면에는 우리 사회가 지도자를 보고, 평가하는 시각이 매우 편협하고 경우에 따라서는 이념적 스펙트럼에 따라 천차만별의 낙차가 커 진정한 지도자의 모습을 그리기가 어려운 환경이라는 점이다.

한국적 특수성, 민족성이기도 하지만 지금 대선을 앞둔 시점에서 대선 주자를 평가하는 잣대도 종종 그런 범주에서 반복하고 시비 되는 것 같아 안타까울 뿐이다.

개인적으로 본다면 졸저가 이렇게 재출간 되는 게 기쁘기도 하지만 한편으로는 두렵고 그런 이유로 15년 전 것의 날짜만 바꾸어 그냥 시장에 내놓는 것보다 살을 붙여 내놓는 게 최소한의 도리가 아닌가 싶어 이렇게 필을 든 것이다.

통일 전까지 독일의 수도였던 본Bonn 시내를 라인 강이 가로질러 흐르고 있다. 강을 두고 이쪽저쪽이 나누어져 있는 셈인데 편의상 이야기해서 시내 쪽은 관공서가 밀집한 지역이라면 강 건너 산비탈 쪽은 주거 지역이다.

그곳에 뢴도르프라는 작은 마을이 있다. 마을 이름 자체에 '작은 마을'이라는 독일어인 도르프Dorf가 들어있으니 뢴도르프는 진짜 촌락수준이다. 그 작은마을이 독일의 정치 거인 아데나워의 생가이자 기념관이 있는 곳이다.

아데나워는 이곳에서 출퇴근하면서 총리직을 수행했고 총리직에서 물러난 뒤에도 그 집으로 돌아갔으며 지금은 아데나워 기념관으로 명명되어 있다. 그 집은 너무도 평범하고 우리네 이웃집과 별반 다르지 않은 모습이다.

아데나워 사망 후 열린 장례식의 과정을 봐도 본 시내 총리실을 떠나 그가 시장으로 재임했던 정치적 본거지나 다름없는 쾰른성당을 거쳐 라인 강을 따라 군함 호위를 받으면서 이곳 뢴도르프 언덕 생가에 묻혔다.

아데나워를 떠나보낸 그날 라인 강은 한없이 울었다.

그의 모습은 다산 정약용이 말하는 공직자가 퇴임 후 떠날 때 모습은 행장이 가벼워야 한다는 말씀을 그대로 실천하는 정경이다. 검소하고 소박하며 절약하는 게르만 민족의 전형 같다고 할까.

이런 독일 역사의 기록과 현장을 둘러보면 우리 사회가 대통령 퇴임 후 머물 사저 문제로 왕왕 논란에 휩싸이는 것과는 너무도 다른 풍경이어서 부러울 뿐이다.

우리는 왜 저렇게 하지 못하는 것일까. 있는 모습 그대로 원래의 자리로 돌아갈 수는 없을까.

그래서 아데나워는 거인인 것이다.

그러면 왜 아데나워인가?

아데나워는 이미 역사적, 정치적 평가가 내려진 상태다. 특히 독일에서는 독일 통일 이후 아데나워 재평가가 활발하게 이뤄져 그가 추구한 정치적 노선과 정책이 옳았다는 평가가 나왔다.

그 같은 평가는 물론 그와 정치적 노선을 같이하는 통일 당시 재상이었던 헬무트 콜 총리가 통일의 위업을 아데나워 앞에 헌정했다는 정치적 미화 때문만이 아니다.

통일 이후 나온 1400페이지 분량의 방대한 아데나워 자서전을 쓴 퀼러 베를린대 교수의 평가도 이런 맥락으로 일관하고 있다. 그가 평가받는 위업은 아데나워의 일관된 정책인 독일의 자유민주주의 확립과 당장 통일 논의보다는 힘의 축적 그리고 서방과의 동맹강화 등 정책이 결국 통일의 밑거름으로 빛을 발하게 되었다는 것이다.

그도 그럴 것이 독일이 패전으로 외세에 의해 분단되었던 업보를 통일 당시 2+4라는 통일 외교를 통해 족쇄를 풀었기에 결국 아데나워가 추구해온 긴밀한 동맹유지 정책을 폄하할 수 없는 노릇 아닌가.

그는 독일 통일 정책이라고 할 수 있는 독일 정책Deutschlandpolitik에서도 일관된 입장으로서 양 독간 긴장 고조와 재임 당시 베를린 장벽 구축 등 반공 우파로 낙인 찍히기도 했지만, 그것이 그의 위대성을 크게 손상하지 않는다는 게 중론이다.

그는 독일이 감성적으로 외친다고 해서 통일이 당장 안 된다는 점을 간파하고 실력을 키웠다. 특히 소련의 입장으로 볼 때 통일은 지금이 아니라 시간이 걸린다는 혜안으로 정책을 추구한 현실주의자였다.

그의 진단은 정확했다. 대신 역사의 앙숙인 프랑스와 화해를 시도하고 유럽통합의 주춧돌을 놓는 등 미래를 향한 초석을 놓았는데 그 점 역시 시대를 넘어서는 통찰이었고 그 결과를 오늘날 우리는 현실로 목격하고 있다.

역사적으로 전쟁, 원한의 앙금이 한·일 간의 퇴적보다 더 큰 독·불이지만 이런 통큰 지도자들의 역사적 화해의 악수를 통해 일관성 있는 화해 협력정책을 추구, 지금 양국은 유럽을 이끄는 쌍두마차로 지도적 역할을 수행하고 있다.

화해의 악수를 하는 시늉을 하고 돌아서면 자신들의 정치적 이해관계에 따라 언행이 춤을 추는 한·일 양국 정치지도자들이 향후 역사적 항해를 위해 반면교사로 삼아야 할 대목이다.

이러한 아데나워의 역사적 업적을 나열하자면 끝이 없을 터이고 진정 우리가 독일이라는 나라를 그것도 사망한 지 반세기가 넘은 지도자를 한국적 상황에서 다시 보고자 하는 대목은 다름 아닌 그가 추구한 패전이라는 잿더미에서 일군 경제 기적과 궤적을 같이 하는 사회적 시장경제라는 독일 자본주의의 밑그림을 그린 데 대한 성찰이다. 이는 현재 경제민주화라는 화두로 득표에 혈안이 되고 있는 한국적 정치 논쟁에서 상당한 지혜를 주리라는 점이 우리의 시선을 아데나워로 향하게 하는 작은 요인 중 하나라고 할 수 있다.

다 알다시피 패전 독일은 그야말로 잿더미였다. 쾰른을 보면 전쟁 후 성한 건물이 30%도 안 되었다는 통계도 있다. 단순히 외적 붕괴만 아니라 그들이 광신적으로 따랐던 나치와 이데올로기에 대한 참담한 결과는 독일인들이 즐겨 사용하는 Null Punkt라는 단어에 잘 나타나 있다.

영어로는 Hour of Zero라는 이 표현은 그야말로 꽝이 되었다는 자조이자 허탈, 좌절, 낙망의 모든 총합체적 표현이다.

당시 커피가 없어 검게 탄 빵가루를 갖고 커피를 만들어 마셨다는 독일 노년 세대의 증언은 신화가 아니라 현실이다.

그만큼 힘든 시기였다. 절망의 시기였다. 캄캄한 암흑과 같은 상황이었다.

아데나워가 그 현실에 같이 있었고 초대 총리로서 서독 건국의 기초를 다지며 궁핍한 삶에서 번영의 도약으로 가는 이른바 라인강의 기적을 일궈낸 타이타닉 서독의 함장이 아데나워였다.

패망 이후 새로운 출발을 둘러싼 이른바 노선과 방향에 대한 갈등, 투쟁 역시 서독도 두말할 나위 없이 컸다. 보수계열인 기민당 내에서도 베를린을 거점으로 하는 야콥 카이저파와 쾰른을 중심으로 하는 아데나워파와도 거리가 있었다. 그 거리는 노조의 지지를 업는 파와 가톨릭의 지지를 얻는 층과의 충돌이기도 했다.

당시 독일을 접수한 서방 3국의 군정은 해체가 정책목표였다. 나치의 중앙집권 광기에 몸서리친 경험으로 볼 때, 특히 독일은 분산, 해체해 놔야 두 번 다시 전쟁을 못 일으킨다는 신념도 강하게 작용하였다. 그래서 11개 주가 탄생하고 군수기업해체, 재벌이라고 하는 콘체른Konzern 해체안도 나왔다. 군수 물자를 댔던 대기업들을 분해해야 한다는 취지였다. 나아가 사회주의 계획 경제 추구와 자유민주주의 추구에 대한 정책노선 갈등도 여전했다.

물론 독일 사회에서 국민 정서에는 사회주의에 대한 지지도 어느 정도 있었던 게 사실이다.

기민당에서 이 같은 노선의 대립은 카이저와 아데나워 간의 권력투쟁 양상이기도 한데 결국 아데나워의 사회적 시장경제가 지지를 받아 독일의 헌법인 기본법에 명시된다.

아데나워의 생각은 이랬다.

나치 시절 쾰른 시장에서 해고되는 등 나름의 나치 악몽에 대해 반감이 있던 아데나워는 계획경제에 강한 거부감이 있었지만 그렇다고 자유경제에도 회의적이지 않았다.

그는 권력과 자본은 나눠야 한다는 지론을 갖고 있었고 그 같은 이론은 에어하르트 등 당내 경제 이론가들에 의해 기초한 것인데 아데나워가 이를 당의 강령으로 채택하는데 동의한 것이다. 당시 사회적 시장경제의 교과서인 에어하르트의 '모두를 위한 복지 Wohlstand Fur Alle'는 불후의 고전 서가에 꽂혀 있다.

사회적 시장경제는 분배와 사회보장 등 기본적인 삶의 조건을 보장하고 있다. 특히 Mitbestimmung 공동 결정권이라고 해서 기업경영에서 노동자가 회사의 의사 결정에 참여하는 것을 법적으로 보장하게 했다.

기업의 자유로운 시장경제를 허용하되 독점을 막기 위해 정부 개입이 필요하다는 조화를 선택한 것이다. 나누자는 아데나워의 가치가 반영된 것이다. 권력이든, 시장이든 독점은 안 된다는 것이 아데나워의 소신이었다.

이 같은 방향 설정은 궁핍 극복과 재건이 절실한 당시 서독상황에서는 획기적인 조치였다. 일단 재건하고 회복해서 과실을 만든 뒤 나누자는 논리가 아니라 아예 출발부터 어렵지만 나누면서 가자는 철학이고 이는 독일 사회의 기본지침이 되었고 지금도 변함이 없다. 돌이켜보면 별것 아닌 듯 보이지만 다들 '몽땅 상실한' 상황에서 지도자가 이 같은 국정기조를 택했다는 것은 역사적인 것이다.

여기서 얻는 힌트는 무엇인가.

그들이 일찍이 이러한 경제민주화 장치를 해 놓았다는 점도 부럽지만, 지도자들의 현실적 판단과 용기가 중요하다는 것이다. 어렵지만 나누면서 가자는 기본원칙을 정하는 데 대한 결단력이다.

아데나워는 보수주의자니 있는 자 편을 들었을 것이라는 우리식 편견은 무용한 논쟁일 수밖에 없다. 더욱이 이런 혼합 경제정책이 노동자 농민을 위한다는 사민당에서 나온 게 아니라 보수당에서 나온 것이라는 점이다. 정책이 특정 정파의 전유물이 아니라 지도자의 실천으로 실행된다는 점을 알 수 있다.

이런 노선을 확정하기 위해 아데나워는 특유의 노회한 협상력으로 당내 비주류들을 끌어안는 등 정치적 수완을 발휘한 것은 물론이다. 아데나워는 노련한 정치가였다.

첫 조각에서 계파를 골고루 안배했을 뿐 아니라 대통령, 국회의장 자리도 보수우파의 자민당에 배려하는 등 화합의 정치를 폈다. 아데나워가 언론 혐오증이 있어 매우 소통이 부족할 것이라는 일부 비판과는 상당히 거리가 있는 현실 정치가다운 모습이다.

지금 유럽은 재정위기로 역사적 성취인 유럽 단일통화동맹이 휘청거릴 정도로 위기상황인데 그 가운데 독일만 제일 튼튼하다.

독일이 젖줄, 돈줄 역할을 하지 않으면 유럽의 향배가 언제 좌초할지 모르는 위태로운 상황이다. 그만큼 독일의 힘은 막강하다.

독일 통일의 천문학적인 비용부담을 딛고 제2 라인 강의 기적이라 일컬을 정도로 다시 일어선 독일 경제의 저력에는 다름 아닌 사회적 시장경제라는 처방이 있었기 때문이라는데 대체로 동의한다. 쉽게 말해 탐욕을 부추기는 금융 자본주의의 터가 독일은 약하다. 아직도 많은 국민이 신용카드를 사용하지 않고, 사용하더라도 직불카드를 사용한다는 통계가 이를 증명한다. 사회적 시장경제라는 복지 틀을 갖춰 놨기에 성장 후 복지를 추구하는 과정에서 드러나는 갈등의 요소도 적다.

특히 독일이 추구한 복지가 단순히 반값등록금 등 득표 인기품목에만 제한된 것이 아니라 노동자 등의 경영 참여권 등 진정한 가치분배를 통한 사회통합의 방향에서 진전되었다는 점을 간과해서는 안 되고 이점이 아데나워 재임 당시 구축된 사회적 시장경제, 나아가 독일의 경제민주화를 우리식 관점에서 관찰하고 배워야 할 대목이 아닌가 싶다.

그 점에서 현재 한국사회의 최대 화두인 경제민주화에 대한 논의가 좀 더 구체적이고 미래지향적인 사실에 입각한 논쟁으로 방향을 설정할 필요가 있다. 산업화, 민주화를 넘어 이제 복지로 향하고자 하는 전환의 길목에 서 있다.

나눔 없이 달려온 탓에 불만과 갈등은 임계점에 와 있고 오만가지 요구가 분출되기에 이를 정확하게 진단하고 미래전망을 내릴 지혜와 용기가 필요한 시점이고 그 부분이 오늘 나라를 짊어지겠다고 나선 지도자들이 가장 중요하게 천착해야 할 숙제이다.

정확하게 진단하고 정직한 자세로 국민에게 욕을 먹더라도 동의를 구할 것은 구하고 추진할 것은 밀고 가는 용기있는 지도자의 모습을 보여줘야 할 때이다.

완벽한 지도자는 없다. 건국재상 Grundungkanzler으로 추앙받는 아데나워 역시 반대파들로부터 공격을 끝없이 받았다. 하지만 정치지도자로서 보여준 용기, 일관된 정책, 협상력, 현실정책 그리고 검소 소박함 등은 역사에 남아 살아 있는 것이다. 마치 하늘에서 떨어지는 도덕적 자질 등 성인군자 같은 기대치를 놓고 지도자를 택하고 평가하는 협량의 평가 방식에 좀 더 너른 안목을 대입할 필요가 있다.

지금 우리는 어디로 가야 하고 어디쯤 머물고 있는가. 무엇이 필요하고 무엇을 갖고 헤쳐나가야 하는가.

아데나워가 한국에선 다소 낯선 인물이지만 그의 재임 시대 라인 강의 기적을 일궜고 그게 단순한 물적 토대의 바벨탑이 아니라 공유, 나눔의 정신 속에 쌓아 올린 사회적 시장경제 속에 이룩한 성과라는 점을, 그것도 보수우파가 이뤘다는 점을 있는 그대로 역사에서 읽고자 한다.

특히 완전히 망해버려 망연자실 넋을 잃고 어디로 향해야 할지 모를 어둠의 시대에서 이렇게 가자고 용기 있게 나선 아데나워는 그 점에서 비전의 정치가였다.

70세의 노구를 이끌고 륀도르프 계단을 오르내리면서 하루 25시간 일에만 몰두한 그의 실용주의적인 프로 근성은 지도자가 화려한 말만 갖고 민심을 농락하는 천박한 정치로 전락하는 한국 정치에 교훈을 던지고 있다. 나이를 초월한 열정과 추진력은 참모들도 혀를 내두를 정도이다.

우리식으로 이야기하면 골수보수 취급을 받으면서 진영논리에 갇혀 있을 인물이 독일 어디를 가도 반드시 아데나워 거리가 명명되어 있을 정도로 그는 살아있는 전설이다. 위대하면 위대한 만큼 그렇다고 평가하는 것도 국민성이자 국민이 배워야 할 덕목 아니겠는가.

독일은 2차례의 패전과 나치의 악몽을 털고 세계 무대에서 열린 자세로 나가고 있으며 그런 흐름을 지도자들이 앞서 조타수로서 노 저어 갔다는 사실을 일깨워준다.

나라를 이끌겠다는 지도자들은 다시 겸허한 마음으로 아데나워를 읽고 알아야 한다. 지금 우리에게 아데나워 같은 지도자가 필요하다는 단선 논리적인 어설픈 천거가 아니다.

아데나워는 우리가 생각하기에 통일 반대주의자니 하는 식의 단선평가로 무게가 정해진 지도자도 아니고 우리의 획일화된 평가를 훨씬 넘어서는 지도자이기에 그의 사상과 민족관 애국관을 보자는 것이다.

 일면만 확대경으로 비춰 침 뱉는 경솔함에서 좀 벗어나 보자. 그런 투시경으로 보면 아데나워는 우리 시야에 안 잡힌다.

 인생이 다 끝난 줄 알았던 나이인 73세에 재상이 되어 절망 속에 부활로 나라를 이끈 아데나워 개인사의 굴곡도 참으로 멋진 드라마다. 그래서 아데나워, 아데나워 하는 것이리라….

 묵은 기록에서 아데나워의 이 점을 핀셋으로 끄집어내는 게 우리가 헤쳐나가야 할 시대정신과 크게 동떨어진 이야기는 아닐 것이라고 본다. 그게 다름 아닌 아데나워 정신의 계승이고 필자가 15년 만에 재출간하는 이 책을 통해 공유하고자 하는 가치이기도 하다.

2012년 10월
신 창 섭

■ 책머리에

　독일 통일의 재상 헬무트 콜은 통일 위업을 달성한 뒤 통일을 위해 헌신한 통일의 아버지들을 호명하면서 특히 자신의 정치적 조부인 아데나워에게 그 공을 돌렸다. 콜은 이 사실을 그의 자서전 『나는 통일을 원했다』에서 감명 깊게 적고 있다. 콜 수상이 아데나워를 기렸다는 것은 단지 자신이 그의 정치적 손자로 정치적 이념을 계승하고 있다는 이유에서만은 아니었다. 그것은 다름 아닌 아데나워가 추구해 온 정책이 궁극적으로 통일 과정에서 빛을 발했다는 다시 말해 아데나워의 선각자적인 선견지명에 바치는 헌사였다.

　콜은 통일 외교협상과 관련해 회고하기를 "마지막 협상 순간까지 서구통합 이외에 어떠한 책임 있는 정치적 대안도 존재할 수 없다는 아데나워의 냉철한 현실 인식을 잊지 않았다."면서 자신이 아데나워의 모범학생임을 증언하고 있다. 또한, 그는 아데나워가 독일 통일의 길에 긴 호흡이 필요하다는 것을 알고 있었던 것 같다고 고백하고 있다.

주지하다시피 독일 통일에는 외교의 역할이 컸다. 특히 통일과정에서 강대국의 외교적 승인이 결정적인 역할을 했다. 당시 콜 수상과 겐셔 외무장관 등 독일 지도자들은 이를 위해 정열적인 외교활동을 벌였는데, 그 밑바닥에는 아데나워 때부터 다져 놓은 우방국과의 신뢰가 큰 힘이 되었다. 아데나워가 쌓아 놓은 서구와의 신뢰와 화해의 덕택에 콜은 서방 강국으로부터 어렵지 않게 통일 승인을 얻어내 통일 위업을 달성할 수 있었다는 것이다.

아데나워 시대의 독일은 국제적으로 냉전의 골짜기에 처해 있었고, 국내적으로 분단된 상황이었다. 아데나워는 당시 독일이 처한 시대의 성격을 분명히 했는데 그의 이러한 시대 인식은 통일관에서도 나타난다.

그는 오로지 서방과의 굳건한 결속을 통해서만이 독일 통일이 가능할 것이라고 굳건히 믿고 있었기 때문에 진보적 시각에서 나오는 중립화 통일 등의 제안에도 귀 기울이지 않았다. 그래서 독일은 아데나워의 "예언"대로 서방의 외교적 지원에 힘입어 1990년 통일을 이루게 된 것이다.

대북정책이 구조적으로 주변 4강, 특히 미국의 정책에 절대적으로 영향을 받는 한국의 정치 지도자들이 유념해야 할 대목이 바로 이것이다. 분단극복이 당사자 문제로만 풀릴 수 없는 현실정치의 역학 관계가 엄존하고 있다는 것이다.

이 시점에서 내가 역사의 반열에 놓여 있는 아데나워를 새삼스레 꺼내 세상에 소개하는 것도 그 이유에서이다. 아데나워는 말하자면 첫 단추를 잘 끼워 준 셈이다. 전후 독일 정치 지도자들은 자기 시대를 충실하게 수행했던 점이 한결같다. 물론 아데나워 지도력에 단점이나 왜곡된 언론관 등이 없는 것은 아니다. 일부에서는 그의 지도력을 "민주적 독재자"로 폄하하기도 한다. 그러나 그러한 평가가 아데나워에 대한 역사적 평가를 훼손하는 것은 아니다. 요는 시대의 과제가 무엇인지 냉철하게 인식하고 불요불굴의 정신으로 이를 달성하는 것이 중요하다.

그 점에서 아데나워는 정녕 건국의 아버지다웠다. 서구와의 통합을 위해 통일을 잠시 미뤘고, 통일보다 자유가 앞선다는 명제를 용기 있게 실천한 것은 위대한 지도자의 결단이라고밖에 할 수 없다. 근거 없는 낙관주의와 일관성 없는 정책으로 국민들을 갈팡질팡하게 만드는 지도력과는 극명한 대조를 이룬다.

아데나워는 패전으로 방황하는 독일에 안정감을 선사했다. 독일은 아데나워에 의해 히틀러와 2차대전이 남겼던 물질적, 정신적 폐허를 딛고 자신감을 회복했다. 그건 통일 독일의 초석이 되었다. 아데나워는 자신에게 주어진 시대의 책무를 완수한 것이었다. 아데나워는 그야말로 위대한 정치가였다.

그가 전후 초대 수상이 되었을 때 우리 나이로 74세였다. 세대교체라는 말을 무색케 할 정도의 고령이었다. 그럼에도 미수에 이르기까지 무려 14년간이나 장기집권하면서 조국 독일을 위해 헌신했다.

아데나워는 바이마르 시대에 두 차례에 걸친 대권의 기회를 거절했으며 히틀러 시대의 질곡을 거치며 "때"를 기다렸다. 우리는 아데나워에게서 지도자의 경륜과 도덕성 그리고 타이밍이라는 3박자의 조화를 목격한다.

아데나워가 수상이 되었을 때는 두 번의 결혼에서 모두 아내와 사별하고 홀아비 신세였다. 아데나워는 질긴 고독 속에서 오로지 국가재건에 자신의 여생을 바쳤다.

아데나워 권력의 주변에는 여자 이야기를 비롯해 시시콜콜한 스캔들이 털끝만치도 없었다. 그의 경륜과 도덕성은 독일의 재건을 신속하게 하는데 기여했다.

아데나워가 오늘도 독일에서 추앙받고 있는 것은 당연한 이치일 것이다.

* * *

한국에서 대통령의 권한은 왕조 시대 국왕 버금갈 정도로 막강하다. 따라서 자질과 경륜, 도덕성 그리고 비전, 건강 등 지도자로서의 요건이 절대적으로 중요함은 물론 리더십이 가져오는 부침浮沈의 낙차가 서구의 안정된 민주국가보다 아직은 크다.

국가적 과제에 대해 분명한 입장도 없이 눈치로만 우물대고, 연줄의 실타래에 옥 잡혀 줄서기나 해대고, 윗분의 낙점만 기다리는 식의 리더십으로 우리를 에워싸고 있는 험한 현실을 헤쳐나갈 수 없다.

　건국 이후 우리는 대통령 역사에서 실패한 경험을 갖고 있다. 1997년 한국은 지도자를 부르고 있다. 무릇 모든 시대가 다 역사적이겠지만 현재 한국이 처한 안팎의 환경을 유념할 때 리더의 책무는 지대하다고 할 것이다. 향후 대한민국의 국운의 방향이 지도자의 역할에 따라 그 보폭이 결정된다고 감히 주장한다.

　이럴 때 과연 어떠한 유형의 지도자가 국가이성을 추슬러 나가야 하고, 어떤 인물이 적합한지 밤을 새우며 숙고해야 할 중요한 시점이다. 이를테면 지도자 논의에서 나이를 기준으로 기계론적으로 세대교체론을 제기하는 것은 별 설득력이 없다. 그건 한국의 미래를 옳게 설정하는데도 바람직하지 않다.

　반드시 여기에 소개하는 아데나워가 아니더라도 고령에 국가와 민족을 이끈 지도자들은 허다하다. 처칠도 그랬고 드골도 남들이 연금생활을 할 나이에 정치적 르네상스를 맞으며 조국에 봉사한 노인 정치가였다.

　요는 지도자가 어떠한 자질과 비전으로 도덕성의 리더십을 확보하느냐가 지도자 선택의 요체가 될 수밖에 없다는 점이다.

　서독이 전후 아데나워라는 인물을 함장으로 택한 것은 운명적인 선택이었다고 할 수 있다. 시간의 가정이 되겠지만, 아데나워가 아니었다면 서독은 좀 더 많은 갈등을 치르며 방향설정에 불필요한 에너지를 소모했을지 모른다.

한 지도자의 선택은 민족의 운명을 좌우할 만큼 중요하다. 그래서 바른 선택은 더욱 중요한 것이다. 이 작은 책자가 내세우고자 하는 것도 바로 그 대목이다.

오늘날 한국적 상황이 요구하는 리더십이 반드시 아데나워식의 리더십은 아닐 것이다. 그러나 아데나워 시대와 오늘날 한국의 시대적 상황이나 제반 여건이 다르다고 하나 동서를 넘나들며 통용되는 것이 리더십의 교훈이기도 하다.

그래서 이 책도 아데나워의 인생역정 가운데 되도록 우리의 관심영역에 염두에 두면서 목차를 구성했으며, 그의 장점만을 미화하기보다는 부정적인 평가도 정리해 정치가로서의 아데나워를 총체적으로 관찰할 수 있도록 했다.

그런 가운데 내가 진정 의도한 것은 아데나워의 냉전 시대 자체의 관찰보다는 그 시대에 정치가 아데나워가 구현하고자 했던 독일 부흥과 게르만 정체성 회복이라는 국가과제를 위해 바친 불요불굴의 정신을 바친 위대한 지도력에 있다 하겠다.

* * *

감사의 말을 전할 분들을 적어야 할 것 같다.

자료를 챙겨 주는데 수고를 아끼지 않은 주독 한국대사관 손위수 공보원장, 서울 독일대사관 도필영 공보관에게 고마움을 전한다.

아데나워와 관련된 문헌은 헤아릴 수 없을 정도로 많다. 집필과정에서 실로 많은 책의 도움을 받았으나 일일이 각주를 달지 않고 대신 뒤에 참고문헌으로 정리했음을 밝혀둔다.

야간업소에 나가듯이 밤에만 출근하는 뒤바뀐 근무 형태 때문에 뒤틀린 생활 리듬을 인내하고, 독일에서 귀국한 첫 여름을 외출 한번 없이 지내면서 나의 집필을 묵묵히 지원한 가족의 성원도 고맙다.

원고를 집필하는 과정에 아들 민호가 태어났다는 사실도 이 책이 간직해야 할 추억이다.

1997년 1월

chapter 1

가장 중요한 것은 용기이다

인생 90년, 역사의 격랑을 헤치며 |
아데나워는 왜 위대한 정치 지도자인가 |
뛰어난 통찰력의 "늙은 여우"

―
가장 중요한 것은
용기이다
―

∎
∎
∎

1963년 10월 15일 독일의 제2 공영 텔레비전인 ZDF 방송은 저녁 시간에 특별 방송을 내보냈다. 〈아데나워 시대를 회고한다〉라는 프로그램이었다.

14년간의 수상직을 떠나는 아데나워를 특별 인터뷰하는 시간이었다. 인터뷰 석에 앉은 아데나워는 사회자로부터 마지막 질문을 받았다. 노정치가 아데나워의 얼굴 표정은 다소 굳어 보였다.

"정치가로서 성공한 최장수 수상으로 퇴임하는 이 순간 당신이 생각하는 정치가 자격으로서 가장 중요한 것은 무엇이라고 생각하십니까? 지식이나 냉철한 사실 인식입니까, 아니면 결단력입니까?"

아데나워는 잠시 생각에 잠긴 듯하다가 무겁게 말문을 열었다.

"사회자는 아마도 내 답변에 다소 의아해할 것이오. 내가 생각하기에 정치가로서 가장 중요한 것은 용기입니다."

이에 앞서 아데나워는 독일 의회에서 고별연설을 했다.

"제 민족은 저마다의 국가 형태를 필요로 하고, 그 울타리에서 분명한 조타수 역시 요구합니다. 국민과 공동보조, 공동협상, 공동부담, 공동노력 없이 의회도 정부도 성공할 수 없습니다."

아데나워는 이어 자신의 재임 중 미해결된 문제인 독일 분단 문제에 대해 언급을 했다.

"내가 생각하기에 통일 가능성의 지평선이 보이는 것 같은데 우리는 여전히 통일을 이루지 못했습니다. 나는 통일의 날이 올 것이라고 확신합니다. 왜냐하면, 평화 속에 통일을 성취하려는 의지가 있다면 누구도 반대할 수 없기 때문입니다."

오랜 기간 아데나워의 정치적인 적이었던 한 의원이 의자에서 일어나 아데나워에게 다가와 "서독의 나토가입을 허용했던 당신이 옳았다."고 이야기하자, 아데나워는 그 의원을 돌처럼 차갑게 응시하면서 짧게 대답했다.

"수상이었던 나와 당신의 차이가 있었다면 내가 한때 이데올로기적으로 우측에 서 있어 왔다는 것입니다." 이 몇 마디 단어로 아데나워는 자신의 오랜 정치적 이력을 압축했으며, 이는 달리 말해서 그의 위대한 리더십의 정수였다.

2차대전 후 미해결 문제가 산적했던 재임기간 중 행동이 필요할 때 조치를 취하는 지혜와 용기를 지녔으며, 행동하기를 두려워하거나 내키지 않아 하는 이들의 반대를 극복하는 정치적인 노련함을 갖췄던 위대한 지도자 아데나워 시대가 이렇게 공식적으로 커튼을 내리게 된 것이다.

전후 폐허의 잿더미에서 독일 국민들에게 빵과 풍요 그리고 새로운 정체성과 귀속감을 심어 준 아데나워가 14년간의 수상직을 떠나면서 정치인생을 마감하는 순간이었다.

의원들의 기립박수는 라인 강 변의 작은 의사당을 진동시켰다. 이로부터 3일 뒤 아데나워는 정식으로 수상직을 마감했다.

1963년 10월 18일. 금요일이었다. 밖은 이미 슬슬 어둠이 밀려들고 있었고 아데나워의 집무실 아래쪽 라인 강에는 엷은 안개가 드리워져 있었다. 아데나워는 코트를 걸치고, 한 손에는 모자와 지팡이를 들고 2층 집무실 계단을 내려왔다.

지난 14년간 서독의 영광을 위해 온몸으로 불태웠던 공간인 집무실과 이별하는 순간이었다. '샤움부르크', 서독의 수상실이며 아데나워의 집무실을 그렇게 부른다. 그곳은 집이나 다름없었다. 아침 일찍 출근해 저녁 늦게 자택인 륀도르프로 돌아가기 전까지 혼신의 힘과 정열로 일하던 곳이었다.

90세를 바라보는 노정치가 아데나워는 그 풍경을 뒤로 하고 대기하던 차에 올라 라인 강을 건너 륀도르프 자택으로 갔다.

독일 현대사의 조타수가 떠나는 순간은 마치 어느 궂은 날, 한 회사원의 퇴근길 같았다.

인생 90년, 역사의 격랑을 헤치며

　콘라드 아데나워는 91년의 생을 살다가 갔다. 천수를 누린 것이다. 정치가이기 이전에 한 인간으로서 근 한 세기의 삶을 살았다는 것은 더없이 행복한 인생임이 틀림없다.
　행정가와 정치 지도자로서 고난과 역경부분은 따로 떼어 놓고 단순히 그의 생애를 연대기적으로 보아도 그가 행운의 사나이였음을 알 수 있다.
　그는 1906년 서른의 나이에 공직을 시작했다. 그 뒤 그는 이승을 뜨기 바로 전까지도 기민당 당의장직으로 현역이었다. 햇수로 따지면 60년가량 된다. 쾰른 시장으로 17년을 지냈고, 74세에는 독일 초대 재상이 되어 4번 연임 14년을 지냈다. 관운, 정치운 모두 엄청났다고 해야 마땅하다.
　사실 아데나워는 마지막 운명의 순간 일보 직전까지 정치에 몰두하다가 갔다. 정치는 그의 인생에서 운명적인 것이었다. 그는 수상직에서 물러난 뒤 사망하기 전까지 3년간 당의장직이라는 직함을 갖고 있었으며 본에 자기 사무실도 갖고 있었다. 정기적으로 신문을 구독했으며 병상에서 거동이 불편할 때도 비서로 하여금 신문 내용을 읽게 할 정도로 세상 돌아가는 일에 관심이 많았다. 아데나워는 죽기 며칠 전까지도 에어하르트, 키징거와 회담을 가질 정도였다. 지난 한 세기의 유럽역사 속에 그렇게도 장수한 정치지도자는 영국의 처칠과 글래드스턴 말고는 없다.

명예퇴직이다 뭐다 하며 40대 중반만 되면 직장에서 좌불안석의 심경으로 강퍅한 현실을 헤쳐나가야 하는 대한민국의 사내들로선 꿈 같은 이야기로 들린다.

아데나워의 삶이 거쳐 간 91년은 독일사의 영광과 좌절 시간표와 일치한다. 굴곡 많은 독일사가 나그네를 늘 매혹시켜 왔지만, 아데나워 생애와 연대기를 같이 하는 독일사는 아마도 가장 드라마틱한 독일 역사의 순간이었다. 독일 역사의 부침이 흥미롭듯이 그 역사 속 주역의 시간표를 더듬는 일 또한 드라마틱한 일이다.

더구나 분단에서 통일을 이룩한 독일의 건국 초대 수상의 생은 분단의 사슬을 못 풀고 있는 우리가 찬찬히 읽어 볼 가치가 있으며, 많은 시사점을 제공한다고 감히 이야기할 수 있다.

독일과 우리 분단의 내력과 성격은 상이하지만 분단 초기 국면은 유사한 점이 많았다. 군정을 겪었다는 형식적인 측면이 그렇고, 국가적 난제를 헤쳐나가야 하는 강력한 리더십이 요구됐다는 내적인 측면이 그러했다.

1876년에 태어나 1967년 사망한 독일 재상 아데나워의 삶은 독일사의 4시기로 나눠서 살펴볼 수 있다.

첫째 제국 시대이다. 1870년 보불 전쟁의 승리로 탄생한 비스마르크의 독일 제국 시대이다. 이 시기는 독일이 점진적으로 부유해지고 강력해지던 때였다.

독일군은 세계 최강이었고 뒤늦게 불이 지펴졌던 독일 산업혁명은 독일 부의 바탕이 되었다. 산업의 효율성과 군사적 힘은 모두

어느 정도 독일인들의 규율정신에 의존했다. 이때 이미 독일인들에게는 일하기 위해 산다는 닉네임이 따라다녔다.

독일인들은 역사의 결정적 고비마다 특유의 애국적 열정을 발휘했는데 그들이 전장에서 용감하게 죽는 것을 가능하게 했던 정신이 바로 이것이다.

조국에 최대한 기여를 하기 위해 그들이 노동자이든 군인이든 간에 시민들의 의지 속에 이런 열정이 체현됐다는 것이 제국 시대의 위대함이라 하겠다.

이 시기는 아데나워 생애에서 정형적인 절차를 거친 기간인데 제국 말기인 1917년에 쾰른 시장이 됐다. 결혼을 해서 일가를 이뤘고 교통사고로 인한 후유증에서도 벗어났다. 아데나워는 시대의 정서가 그러했듯이 이 시기를 통해 뒷날 위대한 정치가로서 필요한 기술과 규율을 습득했다. 그는 정확성과 질서, 인내와 참을성의 미덕을 배웠다.

아데나워의 인생 시간표가 걸쳐간 두 번째 시기는 바이마르 공화국 시대이다. 바이마르 시대는 독일의 신생 민주주의가 싹을 제대로 피워 보지 못하고 실패한 시기이다. 독일인들은 바이마르에 대해 외국인들이 생각하는 것 이상으로 통증을 느끼고 있다. 많은 독일인들은 1차대전의 패전 책임을 정리하는 베르사유 조약을 공평치 못한 것으로 여겼고 그래서 수용하지도 않았다.

이런 패배 속에 국민들 정서와 동화돼 바이마르가 통치했는데 바이마르의 정치가들은 한마디로 "충족의 정치가"들이었다. 확고한 원칙과 방향감이 없었다. 그 속에서 정치적, 경제적 무정부 상태가 발호됐다. 빵 한 조각을 사기 위해 제국 마르크화를 한 자루씩 메고 나가야 했던 바이마르의 천문학적 인플레이션이 바로 그 상징이다.

그러나 놀랍게도 그 당시 유럽은 독일에서 전개되고 있는 사태에 별반 관심이 없었다. 공산주의자들의 발흥, 지역화된 혁명, 군사적 쿠데타 음모, 분리주의 운동, 화폐·경제 위기, 기아와 실업. 이 모든 요소를 유럽은 독일 제국이 1차대전을 야기한 징벌로 보았다.

바이마르 시대 아데나워는 쾰른 시장이었고 프러시아 도시회의 의장이었다. 그는 지방행정가로서 국내 정치의 경험의 폭을 넓혔다. 이 시기 그는 2차례에 재상이 될 수 있는 기회를 맞았으나 거부했다. 그 첫 번째 기회로 1921년 하인리히 브라운 제국 노동부 장관으로부터 신제국 정부 구성을 책임져 줄 것을 요청 받았으나 사민당이 재상 자리를 차지하는 바람에 없던 일이 되어 버렸다.

그러나 1926년 아데나워는 다시 바이마르 카톨릭 중앙당으로부터 수상직을 수락해 줄 것을 요청받는 두 번째 기회를 맞았으나 카톨릭 중심의 라인 지방 출신인 자신이 폭넓은 지지를 받지 못할 것이라는 판단을 내려 거절했다. 카톨릭 중앙당으로부터 조종받을 것이 뻔했기 때문이다. 그러나 속 깊은 이유는 다른 데 있었다. 그는 프로테스탄트의 본고장인 프러시아의 수도 베를린을 생래적으로 싫어했으며 거기에 자리한 중앙 정부, 특히 외무장관인 슈트레제만의 비스마르크식 외교정책을 싫어했다.
 나이 오십에 대권의 기회가 목전에 왔지만 이런 이유로 아데나워는 수상 추대를 수락하지 않았다. 아데나워는 기회를 기다린 것이었다.
 아데나워 이력서에 세 번째 독일사의 시기는 나치 시기이다. 바이마르의 경제적 위기는 정치적 극단주의를 불러들였다. 그러나 히틀러의 출현은 물질적인 이유보다 심리적 이유로 보는 것이 보편화된 일반적인 시각이다.
 히틀러의 등장으로 아데나워는 17년간 재임해 온 시장직을 쫓겨나 실직하게 된다. 그는 수용소에 갇히고 수도원에 유배되는 등 그 생애 최대의 시련을 겪는다. 그러나 나치 시대의 시련은 그를 위대한 인간으로 재등장하게 하는데 밑거름이 됐다.
 나치의 위협에 맞서 믿음을 버리지 않은 것은 그가 쾰른 시장으로서 이룬 위업보다도 그를 위대한 인간으로 만드는데 크게 기여했다.
 역경이 인간을 크게 한다고 했으니 아데나워도 역경을 통해 독일 국민들의 위약함을 이해하게 됐고, 이는 그를 지도자로 준비케 하는 위대한 실험이었다.
 아데나워 생애 마지막 독일사의 단락은 1945년 이후이다. 1945년 독일의 항복은 단순한 패전을 넘어 이른바 독일의 프러시아 제국의 종언을 의미한다. 독일인들은 자신의 힘과 운명의 방향을 모른 채 외적, 내적 파산 상태에 처했다.

나치가 등장했을 때 아데나워는 이미 57세였다. 보통 사람 같으면 은퇴와 연금 생활을 구상할 때이다. 또한, 1945년 아데나워의 나이는 70대였다.

이제 그의 본격적인 정치적 이력이 전개된다. 남들은 인생 시간표에서 연금 생활을 할 노년기에 그의 매력적인 정치 생활의 르네상스가 시작된 것이었다.

그의 정치적 위업은 40세에 성공한 테니스 선수에 비유될 수 있다. 테니스 선수는 40세만 돼도 코트에서 떠나야 한다. 제아무리 난다 하는 선수일지라도 그 점에서는 거의 똑같다.

그러나 단 위대한 정치가는 다르다. 그 사내가 바로 아데나워이다.

* * *

아데나워에게 행운이 있다는 것은 전후 그가 정치세계에 발을 들여놓는 과정에서 선명하게 드러난다.

아데나워는 지방행정가로서의 명성을 쌓았지만, 본격적인 정치 경험이 없었다. 그는 나라 밖에선 알려지지 않은 인물이었다. 무명의 시골 행정·정치가에 불과했다. 특별한 상황이 발생했을 때를 빼고는 그가 고향 땅을 벗어나 본 적이 별로 없다는 것이 이를 간접적으로 반증한다. 전후 쾰른 시장으로 돌아온 아데나워는 그 자리에서 일생을 마칠 각오를 했을지 모른다. 그러나 그는 점령 영국군에 의해 시장직을 박탈당했다. 그러다 라인 지역의 점령이 미국으로 넘어가면서 다시 부름을 받았다. 그는 뜻밖에 의도하지 않은 상황에서 정치마당에 던져졌다.

이런 이야기가 있다. "장인의 나라에선 애꾸눈이 왕이다." 전후 서독의 장래 정치인들 가운데서 아데나워는 피라미 속의 단연 거인이었다. 독일 분단으로 아데나워의 정치철학은 예기치 않은 현실성을 갖기 시작했다. 아데나워에게 때가 온 것이고 그게 바로 인간 아데나워에게 다가온 시운이었다.

당시 그의 기민당 내에서 라이벌은 야콥 카이저였는데 베를린을 무대로 한 그의 정치적 기반은 독일 분단으로 지지를 상실할 수밖에 없었다. 기민당 밖에선 사민당의 쿠르트 슈마허가 강력한 대권 경쟁자였으나 그는 구파 인물이었고 아데나워와는 적수가 되지 못했다. 자민당에도 토마스 델러, 뒷날 초대 대통령이 된 테오도르 호이스가 있었으나 적수가 될 수 없었다. 결국, 아데나워는 1949년 서독 초대 수상으로 선출되었다. 그해 아데나워는 74세였다. 그 뒤 '53, '57, '61년 등 3번에 걸쳐 재선돼 무려 14년을 수상직에 있었다.

96년 10월 현재 재임하고 있는 헬무트 콜 수상이 기록을 깰 때까지 14년 재임 기록은 최고의 기록으로 남았었다.

그러나 아데나워를 이 같은 환경적 요소와 생물학적 연대기로만 설명하기엔 그가 너무 위대하다는 게 아데나워의 숱한 전기들이 공통적으로 맺는 결론이다.

이제 서독 건국의 수상인 인간 아데나워의 거인으로서의 모습을 한 자락씩 펼친다.

아데나워는 왜 위대한 정치 지도자인가

영어에서 정치가를 의미하는 단어로 Politician과 Statesman으로 구분한다.

정치적 이해관계에 급급한 소인배 형의 정치인을 Politician이라고 한다. 정상배라고도 한다. 이에 비해 Statesman은 정치가로 국가와 미래를 생각하는 지도자를 지칭하는 의미로 사용된다.

정객Politician은 다음 선거를 생각하고, 스테이츠맨Statesman은 다음 세대를 생각한다는 말을 한다. 즉 정객과 정치 지도자 간에 엄연한 구분점이 있다는 이야기이다. 또한, 그 차이를 따지는 기준과 나름의 이론도 각양각색이다.

정치 지도자는 절대 이래서는 안 된다는 항목의 대표적인 하나로 단견短見을 꼽는다. 『아데나워』를 쓴 괴스타 폰 우엑스퀼은 장기에서 명승부사가 3가지 말을 자유자재로 구사하듯이 지도자는 적어도 3가지 조건을 갖춰야 한다고 한다.

첫째, 자신의 독자적인 열림성.
둘째, 동지든 적이든 타인에 대한 반응.
셋째, 그 반응에 대한 재반응.

정치인은 재선을 위해 무엇을 해야 하는지 알고 있는 사람들이다. 정치인은 첫째, 둘째 조건에서 그치는 게 보통이다. 그러나 진정한 정치가는 여기서 한 걸음 더 나아가 유권자의 신뢰를 얻기 위해 자신이 해야 할 일이 무엇인가를 항상 생각한다는 것이다.

정치가의 자질과 특성에 관해 독일의 정치학자 에리히 슈빙어의 분석은 포괄적이다.

정치가라는 사람들이 도대체 무엇인지에 대해 시도한 책,『정치가… 현실과 요청』은 이에 대한 자세한 스펙트럼을 제시하고 있다.

슈빙어는 먼저 성공적인 정치가가 지녀야 할 지능 요인으로

1. 본질 투시력: 정치가는 문제의 본질적 핵심을 신속히 투시, 비본질적인 것을 제거할 수 있는 상태이어야 한다.
   정치가는 제거 예술의 달인이어야 한다.
2. 사고의 민활성: 정치가의 지성은 신속히 작동하며 활발하고 적응력 있는 정신을 요구한다.
   사고능력이 느리고 단계적인 일을 하는데 습관이 된 사람은 오늘날 큰 정치에서 요구되는 속도에 따라갈 수 없다.
   대업적은 통상 머리 회전이 빠른 사람들에게만 기대될 수 있다.
3. 정신문화: 광범위한 지식 없이는 대정치가적 업적은 불가능하다. 역사 교육은 특히 중요하다.
4. 선견지명: 건설적인 환상, 즉 미래의 품속에 놓여있는 가능성을 파악, 비교 측량할 수 있는 상상력이다.

또한, 정치가의 업적은 의지 요인에 의해 의존한다.
1. 결정력과 결정선호.
2. 우선순위 결정력.
3. 타협능력: 타협능력이 없는 사람은 항상 주요 계획들에 실패할 위험에 처해 있다.
4. 추진력: 추진력은 평시보다 전시, 위기 시에 더 중요하다.
5. 인내성.
6. 지도 의지: 진정한 정치가는 권력을 추구하되 권력적 지위를 얻기 위해 투쟁한다. 이는 오만한 권력 남용으로 퇴화되어선 안 된다.

정치가에게는 또 특정한 인격적 특성이 가미되어야 하는데 그건 신뢰성과 인내성 있는 용기이다. 이와 함께 슈빙어는 도덕률의 지향, 대민 접촉 능력, 관료제를 다루는 노련성, 정치투쟁에 있어서의 노련성과 건강을 지도자가 갖춰야 하는 조건으로 제시하고 있다. 즉, 정치가는 관료제 안에서 자기를 관철할 수 있는 노련성과 힘이 있어야 한다는 것이다.

개혁이 필요할 때 이는 특히 중요하다. 이 점에선 정치란 자고로 행정의 실현이라는 베버의 규정도 유효하다. 이상적인 정치가는 살갗이 얇아서는 안 된다. 정치가는 타인들의 공격 때문에 잠 못 이룬다거나 신경을 곤두세워선 안 된다.

* * *

베버는 리더십의 유형을 두 가지 기본선으로 설명한다. 적극적 유형과 소극적 유형인데 각 유형에는 또 긍정적 유형과 부정적 유형이 있어 모두 4가지 유형의 리더십이 있다고 설명한다.

이를 바탕으로 소극적 긍정형에는 다시 장인형이 있는데 미국의 태프트 대통령을 꼽는다. 소극적 부정형은 사원형으로 아이젠하워 대통령의 스타일이 이에 해당된다. 적극적 긍정형은 승부사형으로 대표적인 경우가 미국의 트루만 대통령이다. 마지막으로 적극적 부정형은 야수형으로 윌슨, 존슨, 닉슨형을 제시한다.

20세기 들어 가장 널리 리더십을 설명하는 방식으로 독일의 사회학자 막스 베버의 카리스마적 지배와 합법적 지배를 들지 않을 수 없다.

카리스마적 지배는 개인의 신념에 기초한 지배이고, 합법적 지배는 제도와 규칙, 제도, 절차에 의거한 지배형식이다. 베버에 따르면 옛것을 새 제도로 대체할 수 있는 것은 오직 카리스마적 지배뿐이라는 것이다. 합법적 지배는 정치적 상호작용을 구성하는 현재의 제도 속에서 기능한다. 반면 카리스마적 지배는 일상 제도의 구속을 보다 쉽게 극복한다.

베버는 정치가에게 요구되는 세 가지 자질로 정열, 책임감 그리고 통찰력을 들었다.

미국의 사학자 제임스 맥그리거 번스는 그의 책 『리더십』에서 거래 리더십과 변형 리더십으로 구분해 설명한다.

거래 리더십은 정상적인 정치제도 내에 집안을 두고 있다. 변형 리더십은 일상의 정치적 장치 위아래로 추종자들을 흔들어 댄다.

리더십 개성의 유형을 설명하는 도구로 베버의 방식에 따르면 아데나워는 적극적 긍정형에 가깝다고 할 수 있으며, 카리스마적이고 변형 리더십에 가깝다고 규정할 수 있다. 아데나워 역시 승부사로서 기질이 다분하고 정치적 역경을 헤치고 정상에 장기간 군림했다.

그러나 리더십의 속성이 그러하듯 기존의 이론 틀에 맞춰 아데나워를 설명하기에는 최적의 모델이 없고 따라서 독자적으로 "아데나워형"이라고 규정하는 것이 무난할 것 같다.

사실 아데나워를 생각하면 극동의 두 지도자인 한국의 이승만과 일본의 요시다 시게루가 자연스럽게 떠오른다. 세 지도자 모두 전후 폐허 속에 등장한 건국의 지도자였다는 그리고 연배도 비슷하다는 공통점이 있다. 외형적으로 보면 기이한 연관성이리라.

여기서 독재자로 불행하게 몰락한 한국의 이승만을 빼고 아데나워와 요시다는 정말로 닮은 점이 이래저래 많은 정치지도자이다.

두 사람을 비교 분석한 『아데나워와 요시다』라는 책을 쓴 일본의 정치학자 오오다께 히데요 교수는 "두 지도자가 장기집권을 하면서 전후 개혁으로 정치, 경제의 기반을 마련했다."는 공통점이 있다고 지적했다.

아데나워가 요시다보다 2살 연장이었다. 두 사람은 공히 2차대전 중에 탄압을 받았으며 그러나 훨씬 그 이전부터 정치적 구상을 갖고 있었다는 공통점도 지니고 있다.

오오다께 교수는 이어 아데나워나 요시다 모두 전통과 국민에게 깊은 애착을 갖고 국민성의 본질에 대한 깊은 신뢰성을 바탕으로 조국의 부흥이 가능하다는 확고한 신념을 가졌던 지도자였다고 평가하고 있다.

두 사람은 모두 권위주의적 통치스타일을 갖고 있었다. 일본 도까이 대학의 이리타니 도시오 교수는 그렇지만 전후 전승국이던 영국과 미국이 강요한 민주주의를 근본적으로 채택하여 전후 개혁을 감행하지 않고, 양국의 오랜 전통과 국민성 그리고 문화적인 면을 살리면서 기독교에 의한 민의의 통일과 천황제를 유지함으로써 국민의 통일을 도모하는 방법으로 민중을 지도했다고 두 지도자를 분석했다.

독일의 아데나워와 일본의 요시다의 비교 분석은 분명 흥미롭다. 아마도 아데나워와 이승만의 비교도 그에 못지않은 분석이 가능할 것으로 생각된다.

뛰어난 통찰력의 "늙은 여우"

 정치적 리더십은 목적 대상이 아니라는 게 정치학의 일반적 설명이다. 즉 백악관, 엘리제궁은 그 자체가 리더십이 아니라는 것이다.
 한마디로 정치적 리더십은 볼 수도, 물질적으로 측정할 수도 없기에 사람들의 코 모양이 제각각인 것처럼 리더십의 유형도 리더들의 코 모양 생김새처럼 많다는 것이다.
 아데나워의 이름 앞에 이제 새삼스러운 수식어로 그를 설명할 필요성이 없을 것 같다. 아데나워는 오늘날 독일에서 살아 있는 전설로 평가되면서 추앙받는다.
 아데나워가 일궈 세운 전후 독일의 정치중심이었던 옛 수도 본으로 발길을 옮겨보자.
 전후 50년 독일 부흥의 본산 역할을 했던 옛 수도 본의 중심대로 이름은 아데나워 거리이다. 우리의 세종로쯤 되는 그 거리에 독일 외무부와 외교가가 형성돼 있고 그 거리가 끝나는 지점쯤에 수상실이 있다. 그 어귀에 그 거리 이름의 주인공인 아데나워 동상이 서 있다. 오늘도 많은 내·외국인들이 아데나워상 앞에서 사진을 찍고 기념물의 코도 만져 보며 아데나워를 떠올린다.
 나 역시 아데나워와 관련한 소회가 있다.
 1987년 겨울로 기억한다. 나는 독일대사관의 주선으로 처음 독일 베를린 땅을 밟았다. 그건 대한민국 초년병 기자의 첫 번째 독

▲ 콘라드 아데나워 광장에 있는 그의 동상

일행이자 내 생애 최초의 외국여행길이기도 했다. 그러니 여행 그 자체가 나를 들뜨게 했다는 것은 당연한 것 아니겠는가.

당시 분단의 음산함이 도시 곳곳에 짙게 배어 있는 베를린은 촌뜨기인 나를 압도했는데 그 도시에서 맞닥뜨린 첫 거리 이름인 아데나워 광장이라는 명칭을 잊을 수 없다.

베를린 테겔공항에서 공항버스로 시내를 진입하다 도심의 어귀를 꺾어 도는 곳이 바로 아데나워 광장이다. 나중에 안 일이지만 그 길목에 한국 식당 김치가 있어 특히 한국 나그네에겐 그 길 이름이 친숙하다.

서울에서 세종로 거리만 알고 있던 나에게 건국의 아버지를 딴 거리명을 당당하게 만든 것이 부러웠다. 우리는 불행하게도 이승만 거리가 없다.

베를린에 2개월 동안 체류하면서 하나씩 안 일이지만 독일 어느 도시, 산골을 막론하고 길이 있는 곳에는 아데나워 거리 내지 아데나워 광장이 있었다. 이쯤 되면 아데나워의 역사성은 충분히 설명된다.

그 뒤 나는 본에 전독 문제 연구소를 방문할 기회가 있었다. 통일 뒤 없어진 기관이지만 전독연구소는 통일 관련 종합자료센타 역할을 하던 곳이었다. 그곳의 데트레프 퀸 소장이 본을 한번 들르지 않겠느냐고 제의해 겨울날 기차로 고도의 섬 베를린을 벗어나 본으로 갔다.

대머리의 퀸 소장은 자상한 설명과 함께 이왕 온 김에 의회 구경을 하고 가라며 지도책으로 길을 안내해 주었다. 전독연구소가 위치한 거리가 바로 아데나워 거리인데 그 길을 따라 시적 시적 의회 방향으로 걸어가다가 나는 한 무리의 사람들을 마주쳤다. 겨울 바람이 매서운 날씨였는데 사람들은 동상 앞에서 무언가 설명을 듣고 있었다. 아데나워의 동상을 찾아 온 사람들이었다. 아데나워 거리의 끝에 아데나워의 동상이 서 있고 동상 뒤편의 건물이 수상실이었다.

나는 지나는 걸음을 멈추고 그 광경을 물끄러미 바라보았다. 부러운 광경이었다.

그것뿐이 아니다. 독일 도시의 대소 크기를 막론하고 아데나워의 이름을 차용한 거리나 광장이 없는 지역이 없고 우표와 건물 등 곳곳에서 아데나워는 생생히 살아 있다. 아데나워는 역사 속에 현재화되고 있는 것이다.

독일 통일이 됐을 때 식자들 일각에서는 이제야말로 아데나워의 한 시대가 정리됐다고 아데나워의 재평가가 시도됐었다. 퍼터 슈바르츠 교수 등 아데나워만을 연구하는 정치학 교수가 있는가 하면 지금도 아데나워에 관한 각종 책들이 출간되고 있다.

최근의 연구평가는 결과론적인 관점에서 아데나워의 정책방향이 옳았다는 지적인데 그것은 아데나워가 당시 풍요의 바탕을 구축해 놓지 않았으면 급속한 통일 작업 추진이 어려웠을 것이라는 분석이다.

그 점에서 아데나워는 통찰력을 가진 비전의 정치가로 다시 한

▲ 독일 연방 우체국 발행 아데나워 기념 우표

번 보증받았다. 아데나워는 비전을 가진 실용주의적 현실주의 정치가로 요약할 수 있다.

그는 "늙은 여우"라는 별명에서 보듯이 노회老獪한 현실 정치가였다. 그의 권력에 대한 의지는 마키아벨리에 비유되곤 한다. 그렇다고 그가 목적달성에만 집착하고 비정한 권모술수에만 능한 정치가였다는 뜻은 아니다. 이를 알 수 있는 것으로 1949년 총선 때 아데나워의 선거 벽보를 붙였던 아데나워의 정치문하생 헬무트 콜 수상의 회고는 시사하는 바가 크다.

"아데나워는 우리 젊은이들에게 이유없는 선거전은 없다고 가르쳤는데 특히 싸움이란 단어를 강조했다. 한가지 사실에 대해 설득할 자신이 있을 때 그 사실을 홍보하고, 공세를 취할 준비가 돼 있어야 한다. 그건 다시말해 정치적 반대세력과의 싸움, 심한 경우 거친 논쟁을 의미한다. 자유민주주의는 논쟁속에 산다. 그렇지만 자유민주주의는 또한 일정한 기본가치와 게임규칙에 대한 합의를 필요로 한다. 민주주의에서 파워를 위한 경쟁은 결코 적대관계와 광신주의로 빠져선 안 된다. 모든 싸움에서도 정치적 당사자는 상호 존중할 의무가 있다는 것을 강조했다."

현실정치가적인 면모에서는 또한 조정의 명수라는 별명을 가진 오스트리아의 메테르니히와 버금가는 안목을 가졌다.

아데나워는 뛰어난 통찰력을 지녔다. 남이 한 꺼풀을 볼 때 그는 5, 6겹을 투시해 내다보는 혜안의 소유자였다. 그의 안광은 베일을 뚫고 나갔다. 그러한 통찰력은 독일 나아가 유럽이 가야 할 방향에 대한 디자인으로 이어졌고 그것은 이내 외교정치의 실현으로 연결됐다.

또한, 아데나워는 스타일 측면에서 야망의 정치가로 분류할 수 있다. 그는 내치보다 외교정책에 주안점을 더 두었다. 아데나워는 내정을 외교를 위한 수단으로 이용한 것 같다.

아데나워 시대는 라인 강의 기적이라고 불리는 것처럼 경제부흥을 이룬 시대였지만 그는 경제를 경제장관 에어하르트에게 죄다 일임했다는 것도 이채롭다.

전후 독일 수상들은 재임기간 중 정책방향이 분명한 게 특징인데 빌리 브란트 역시 외교에 치중했으며 슈미트 수상은 통화와 경제를 포함한 유럽정책, 그리고 현직인 헬무트 콜 수상은 결국 전임자들의 치적을 종합해 통일 수상이 되었다. 이를 통사적으로 놓고 보면 서독 정치의 일관성과 연속성이 관찰된다.

아데나워는 분명한 잣대로 빠르고 정확하게 결정을 내리는 특유의 결단력으로 문제를 쾌도난마로 정리했다.

그의 오랜 공보담당 보좌관이었던 펠릭스 폰 에커하르트는 "내가 회의석상에서 자기 생각을 관철할 가능성이 없어 보일 때도 아데나워가 전광석화같이 상황을 파악, 입장을 바꾸는 순간들을 그에게서 경험하였다. 그는 나에게 회의 전에 어떤 전략을 쓸 것인지, 어떤 논리를 전개할 것인지 말했다. 그러나 그는 회의석상에서 전혀 달랐다. 그는 목표를 다른 각도에서 접근하곤 했다."라고 회고한다.

아데나워는 정치적 리더십에서 결정력 있는 리더의 반열에서 단연 선두에 꼽힌다. 그는 한번 결정한 일을 쉽게 중도에서 포기하는 적이 없다. 그는 결정을 내리기 전에 결정대상에 대해, 그게 인물이든 사안이든, 철저하게 정통하는 습관이 배었다. 아데나워는 드골과 회담을 앞두고 드골의 회고록을 촘촘히 읽으며 사전 인물 탐구를 할 정도였다. 그는 지칠 줄 모르는 강인함으로 일을 추진했으며 늘 1등이기를 원했다.

그의 이러한 정열과 능력은 잿더미의 독일이 경제 성장을 이룩하고 내적 질서를 확립하고 독일 민족이 국제사회의 일원으로 복귀하도록 이끌었다.

아데나워가 수상이 됐을 때 독일인은 증오와 적대, 모멸의 바다에 둘러싸여 있었다. 독일은 잿더미 속에 참담한, 희망 없는 난파선이었다. 아데나워는 불도저처럼 앞으로 속도 빠르게 폐허의 조국을 이끌었다.

20세기 독일의 저명한 사학자 골로만은 "아데나워의 성공은 말로 이루 표현할 수 없을 정도로 가없다."고 평가한다.

아데나워가 자신의 가부장적이고 권위주의적 통치 스타일 때문에 반대자들로부터 "민주적 독재자"라는 비난을 받았지만, 그로 인해 그가 성취한 이 같은 위업은 손상되지 않는다. 그건 외교 우선주의로 독일의 주권을 회복하고, 재무장을 하고, 나토에 가입하는 등 일련의 "서구와 결속"을 밀고 나간 것은 독일사가 저질러온 오판을 재연하지 않겠다는 굳은 신념의 소산에서였다. 아데나워는 독일을 동과 서의 다리 역할을 하는데 기여했다.

독일은 아데나워 시대를 통해 그 어느 시대보다도 안정과 풍요를 누렸고 무엇보다도 민주주의로의 안착과 이행이라는 자신감을 획득했다.

아데나워의 정치적 상속자인 헬무트 콜 수상은 "아데나워가 서독에 민주주의의 닻을 내리게 하는데 결정적인 기여를 했고 아데나워는 민주주의가 요동하지 않는 도덕적 가치에 기반을 두고 국민들이 그 가치를 다룰 때 살아남을 수 있음을 실현했다."고 평가한다.

아데나워 시대는 독일사의 긴 터널에서 새로운 광명을 선사했다. 이 같은 요소가 복합적으로 작용했기에 의회 출신이 아니고 지방행정가 출신인 아데나워가 위대한 지도자의 대열에 끼일 수 있게 됐다.

아데나워는 자신의 행위와 목표를 국가목표에 일치시킨 독일 리더십의 전통을 극복하고 있다. 독일에선 국가를 실제 인격체로 인식하며, 독일 역사주의의 영향으로 국가의 행동을 필연적으로 선한 것으로 인정하는 전통이 이어져 왔다.

19세기 독일 역사주의 전통은 비스마르크, 히틀러로 이어져 왔다. 물론 히틀러의 역사주의는 그 과잉과 독선으로 광기로 변질하여 세계사의 오점을 남겼다.

아데나워는 히틀러 등 앞선 독일 지도자들이 얼룩으로 남긴 세계 정치사에서 독일의 악인 이미지를 완전하게 바꾸어 놓는 데 성공했다. 그것은 바로 당대 국가의 최대 과제가 무엇인가를 통찰하고 그 과제와 씨름했던 전인격적 헌신과 결국 그 과제를 해결해 냈던 능력이라고 요약할 수 있다. 난국 타개의 전략적 통찰력과 실천력을 보여 주었던 것이었다.

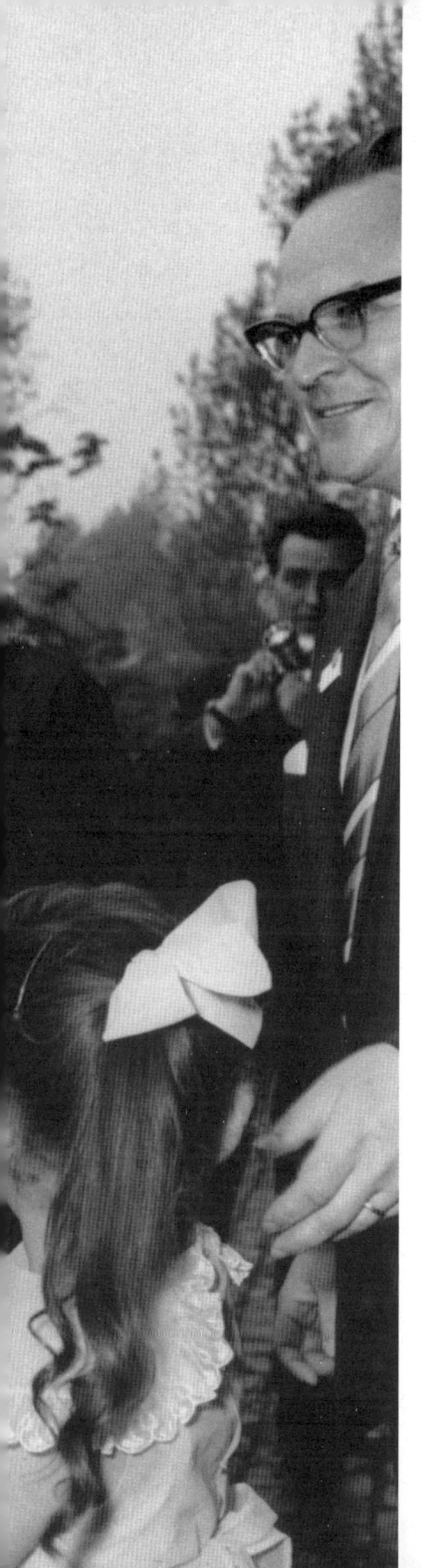

chapter 2

라인의 무명인

하급관리의 아들 아데나워 |
독일 최연소 시장이 되다 |
아데나워家의 프러시아식 가정교육

라인의
무명인

■
■
■

　한 인물을 설명할 때 고향의 지정학적 요소를 결부시키는 것이 동양이나 서양이나 대차 없는 것 같다. 동서고금의 위대한 인물들의 전기 모두가 대개 그렇게 시작되는 것은 결코 우연이 아닌 것 같다.

　아데나워의 삶과 인생 역정 그리고 성공은 그의 고향인 쾰른 라인 강과 분리할 수 없다.

　라인 강은 무엇인가. 그건 독일의 강이요, 독일인의 강이다. 독일인들이 라인 강을 일러 "아버지 강"이라 부르는 것을 보면 라인 강에 대한 짙은 애정을 헤아릴 수 있다. 아데나워의 모태 역시 라인 강이었다.

　그는 라인에서 유토피아를 꿈꾸었으며, 좌절과 역경에 처했을 때 피난을 구한 곳도 라인이었다. 고향은 가족을 형성한다. 즉 1차적인 환경이다. 그 1차적이라는 의미는 단순히 순서상의 첫 번째 의미를 넘어서 정말 넘버 원의 의미도 갖고 있다.

어릴 때 환경의 중요성을 뜻한다. 고향과 가족은 아데나워의 리더십을 이해하는 데도 1차적으로 중요한 요소이다. 아데나워의 정치관, 역사관은 고향에 대한 애향심에서 배태되었고 그의 스타일은 가족의 생활태도에서 영향받았다.

아데나워는 선대인 아버지로부터 받은 교육을 그대로 아들 대에 실천했다. 그의 이력에서 고향과 연관이 안 되는 것은 별로 없다.

출생에서부터 학업, 직장생활의 시작과 결혼, 그의 종교와 사상 등 아데나워 인생의 씨줄과 날줄이 라인 속에 얽혀 있다. 그의 이력서는 그가 고향 언저리를 맴돈 것으로 분명하게 기록하고 있다.

아데나워의 고향은 '수신제가치국평천하'라고 요약할 수 있는 유교적 정치관을 주입시켜 준 것 같다. 고향에서 체득한 삶의 교훈들을 평생 실천하면서 부침을 거듭하며 결국 고향을 자신의 정치적 이상 실현의 무대로 택했으니 말이다.

그 점에선 아데나워만큼 생의 희열을 맛본 지도자도 드물듯 싶다.

하급관리의 아들 아데나워

아데나워는 1876년 1월 5일 쾰른에서 태어났다. 쾰른은 라인강의 중심 도시 가운데 하나인데 본, 뒤셀도르프 등과 함께 오늘날 라인란트 지방으로 행정구역상 노르트라인-베스트팔렌 주에

속하는 상업, 교통, 매스미디어, 예술의 도시이다.

아데나워가 태어난 해는 비스마르크의 독일 제국이 건설된 지 5년이 지난 뒤였다. 라인은 아데나워의 지리적 고향을 넘어 그의 정치·사상·신념·가치의 모태로 작용했다. 그는 라인 강 변에서 태어났고, 성장했고, 일가를 이뤘다.

그의 두 명의 부인도 이곳 출신이다. 학업과 나치 치하 그리고 외국 체류 때를 제외하곤 라인 지방을 떠난 적이 없다. 라인 지방의 종교와 문화·언어가 그의 사상과 세계관을 결정적으로 형성했다. 결국, 그는 라인에 서독의 정치 중심지를 건설했다.

아데나워의 아버지 요한 콘라드 아데나워는 하급관리였다. 아버지 요한 아데나워는 넉넉한 편은 아니었지만 4명의 자식을 모두 공부시켰다.

아데나워의 가정은 엄격했다. 아버지는 함께 노력하고, 책임지는 것을 자식들에게 가르쳤다. 아버지 아데나워는 자식들을 스파르타식 절약과 카톨릭의 경건함 정신으로 교육을 시켰다.

아데나워는 이렇게 회고한다.

"부모들은 우리들에게 그리스도의 생활태도를 가르쳤다. 아침, 저녁 우리 가족들은 함께 기도를 했고 일요일 오전에는 전 가족이 박람회에 갔다가 저녁에는 아포스텔 교회에서 미사를 가졌다."

아데나워의 성장기에 삶을 규정한 것은 경건함 이외에 가난이었다. 쾰른 법원의 하급관리인 아버지의 봉급으로 7인 가족이 살기에는 넉넉지 못했다. 아데나워家는 집이 좁아 한 방에서 세 자녀가 함께 잤고 7세가 돼서야 동생과 침대를 나눠 썼다.

　독일이 웬만한 가정에서는 태어나 서너 살이면 각자 방 한 칸을 쓰는 것에 비춰 보면 아데나워 집안의 살림살이 규모가 짐작이 된다.

　아데나워의 교육 핵심은 의무, 질서, 규율이었다. 이러한 집안 교육이 훗날 그의 정치생활에서 성공의 비결 가운데 하나라는 것을 짐작할 수 있다.

　아데나워는 정치적 성공 속에서 늘 "실험은 안 된다."고 외쳤지만 그는 정열적인 실험가였다.

　그의 첫 실험장은 집 뒤에 있는 작은 정원이었다. 이 정원에 8세의 아데나워는 무씨를 뿌리고 얼마나 크는가를 관찰했다.

　그러나 무가 시들어 갔다. 그때 아버지가 말했다.

　"콘라드야, 무가 자라는가를 인내심 있게 관찰해야 한다."

　아데나워의 유년 시절에 있어서 특이하거나 열정적인 대목은 없었지만 아데나워의 유년기 모습에서 이미 불굴의 끈기, 인내, 참을성, 자기 극기 등이 엿보였다. 언제나 나직하고 조용한 모습이었다.

　뒷날 아데나워가 선거 유세전을 할 때도 으르렁거리는 모습을 보이지 않았는데 이것은 유년기부터 형성된 침착함에서 비롯된 것으로 쉽게 짐작할 수 있다.

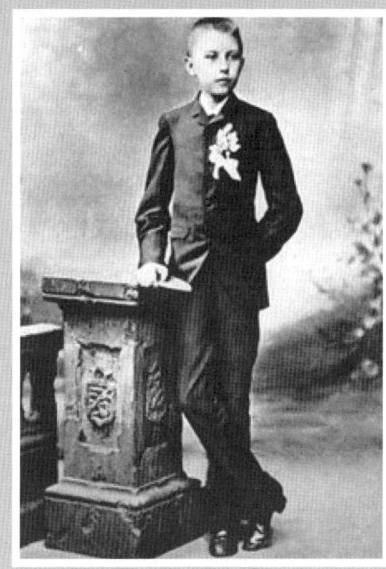

◀ 어린 시절 아데나워

대학생 아데나워 ▶

독일 최연소 시장이 되다

아데나워는 쾰른에 있는 아포스텔 김나지움에 들어가 18살에 대학 입학 자격시험인 아비투어 자격을 땄다.

학창시절 그는 보통 성적의 학생이었을 뿐 주목받는 모범 학생은 아니었다. 라틴어와 독일어에서 "Good"을 받는 정도였다. 눈에 띄는 부분은 그의 껑충한 키뿐이었다고 동급생들은 전했다.

김나지움 생활은 그렇게 지나갔다. 아데나워는 친구를 쉽게 사귀지 않는 부끄럼이 많고 신중한 학생이었다.

아데나워는 학교시절 미술품을 모으기 위해 한 푼이라도 저축을 했다. 그의 인생의 취미가 된 미술과 음악에 대한 지식을 그때 얻었다. 학생이었지만 그는 자연의 교감을 느끼면서 "자연의 위대함"과 "땅의 지혜"를 신뢰했다.

김나지움 졸업 후 아데나워는 바로 대학에 진학할 엄두를 못 냈다. 아버지의 주머니 사정이 넉넉지 못했기 때문이었다. 그래서 은행견습원으로 들어갔지만 고작 2주일밖에 있지 못했다. 왜냐하면, 아버지가 아데나워의 대학 입학을 위한 장학금을 확보해 왔기 때문이었다.

아데나워는 아버지의 도움으로 1894년 여름 학기부터 프라이부르크대학에서 법학과 국민경제학 공부를 시작할 수 있었다. 프라이부르크대학 시절의 일화이다.

어느 날 12명의 동료와 함께 주말을 이용해 인근의 검은 숲으로 자전거 소풍을 갔다. 그들은 펠드쭉이라는 곳에서 하룻밤 야영을 할 계획이었다.

그 거리가 85km나 됐는데 그곳까지 자전거를 몰고 간 학생은 3명이었고, 월요일에 강의실에 나타난 사람은 오로지 1명뿐이었다. 그 학생이 아데나워였다. 아데나워의 인내심을 엿보게 하는 대목이다.

뮌헨에서 두 학기 동안 공부를 할 때는 주말을 이용해 인근 스위스, 이탈리아, 보헤미아 등지를 도보로 여행했다. 훗날 아데나워가 수상이 된 뒤의 휴가도 그곳에서 보낸 것은 이때의 추억이 크게 작용했기 때문이었다는 것이다.

그 당시 아데나워는 평생 가장 친한 친구인 슈뤼터를 사귀었는데 그 친구는 몇 년 뒤 아깝게도 젊은 나이에 죽었다.

아데나워는 프라이부르크와 뮌헨, 본 대학에서 5년에 걸친 학업 끝에 1901년 가을, 베를린에서 사법시험에 합격했다. 아데나워는 부모의 부담을 덜어 주기 위해 시험 응시도 빨리했고 합격하기 위해 밤낮으로 공부했다. 졸음이 오면 세숫대야에 찬물을 붓고 거기에 발을 담가 잠을 쫓은 뒤 다시 책장을 넘기며 공부를 했다. 성적은 썩 우수한 편은 아니었다. 아데나워는 다소 실망했다.

1901년 2차 국가시험에 합격한 뒤 아데나워는 잠시 검찰에서 근무했고 이어 2년여 동안 변호사 사무실에서 일했다. 보다 사회 문제에 관심을 갖게 된 그즈음 아데나워는 쾰른의 명문가 출신의 딸인 엠마 바이어를 만났다. 직업적인 성공이 개인적인 행복을 갖다 준 것이었다.

◀ 엠마 아데나워

 19세기 말 당시 테니스는 시민계급에서 가장 사랑받는 스포츠였다. 20세기 말 독일에서 테니스가 국민적인 지지를 받고 있는 양상과 비슷한 것 같다. 테니스 코트는 사교의 장소로 적절한 곳이었고 젊은 법조인으로 잘 나가는 아데나워도 시대의 흐름 속에 테니스를 즐겼다. 아데나워가 나간 클럽이 "푸델나스"라는 테니스 클럽이었는데 거기서 아름답고 상냥하기 그지없는 엠마 바이어를 사귀게 됐다.
 두 사람은 1904년 결혼했다. 아데나워의 나이 28세였다.
 아데나워는 재정적 수입을 늘리기 위해 발명에도 몰두했다. 이 부분에 대해서는 약간은 과장이라는 이야기도 있지만, 그가 증기기관에 관한 특허도 출원했다는 것은 사실이고 여기서 무장된 물리와 화학 지식이 수상 시절 동료들을 놀라게 했다는 일화가 전해지고 있다.

그러나 그것은 아데나워의 주 관심영역은 아니었다. 1906년 부판사로 재직하던 어느 날 쾰른시 부시장 자리가 공석이 됐다는 소식에 접했다.

아데나워는 판사 크라우젠을 찾았다. 크라우젠은 중앙당 총재인데 아데나워는 그의 법률사무소에서 한때 일한 적이 있다. 애초 크라우젠은 자르브뤼켄 출신의 젊은 판사를 천거할 예정이었다.

아데나워는 크라우젠에게 단호하게 물었다.

"도대체 저를 추천하지 않은 이유가 뭡니까? 저는 다른 사람과 똑같이 자격이 있습니다."

아데나워가 자신의 인사 문제로 처음으로 문제 제기를 한 순간이었다. 마침내 크라우젠의 추천으로 아데나워는 중앙당의 표를 확보했다. 그러나 자유당의 표는 아직 유동적이었다.

쾰른에서 안면이 넓은 아데나워의 매형이 지원에 나섰다. 결국, 친척의 도움으로 아데나워는 자유당 표까지 확보해 쾰른시장 보좌관으로 선출됐다.

1906년 3월 7일이자 그 인생에서 법률가에서 행정가로 변신하는 일대 전환의 순간이었다. 그로부터 3년 뒤 아데나워는 쾰른시 제1부시장으로 선출됐다.

시장의 잦은 베를린 출장으로 시 행정은 아데나워의 손에 금방 들어왔다. 1914년 1차대전 발발 직후 아데나워는 총무와 재정 뿐 아니라 식품분야까지 장악하는 실세가 되었다. 전쟁이 터졌지만, 아데나워는 징집되지 않았다. 그는 폐가 약해서 군인으로서 복무

할 수 없었다.

그러나 당시 쾰른시의 행정책임을 맡고 있는 아데나워의 직책은 전선의 임무 못지않게 중요했다. 전쟁이 일반적인 예측과는 정반대로 조만간 종전되리라 생각지 않았던 아데나워는 식량배급을 제안했다. 이 제안이 프로이센 당국에서 수용되지 않자 아데나워는 쾰른 근교의 농부들과 식량공급계약을 체결했다. 이는 쾰른을 조달 최상의 독일 도시로 만들어 주었다.

전쟁은 날로 잔악해져 갔다. 그에 따른 피의 희생도 커졌다. 기근이 시작됐다. 엎친 데 덮친 격으로 아데나워는 12년간 결혼생활을 함께해 온 부인 엠마 아데나워와 사별했다. 엠마 아데나워는 36세였다.

엠마는 첫 아이를 낳은 뒤부터 아프기 시작했는데, 아데나워는 바쁜 공무 중에도 부인을 극진하게 보살폈었다. 아데나워에게 클라우젠이 직업적으로 변호사에서 지방행정가로의 출셋길을 열어 준 은인이라면 엠마는 소시민에서 상류층의 문지방을 열어 준 생의 동반자였다.

부인과 사별한 아데나워의 아픔은 "1917년은 1년 내내 고통과 슬픔이 지배했다."는 토로에서 잘 이야기해 주고 있다.

그해 아데나워는 교통사고도 당했다. 이가 부러지고, 코뼈도 부러지고. 그 사고가 얼마나 컸던지 사고 직후 그의 몰골이 약간은 인디언 모습을 상상할 정도였다.

그즈음 쾰른 시장직이 공석이었는데 시 당국에서는 두 명의 사절을 아데나워가 머물고 있는 요양소에 보내 그의 용태를 살피도록 했다. 아데나워의 건강상황이 안 좋다는 구실을 만들어 그가 시장이 되는 것을 막으려는 속셈이었다.

그러나 아데나워는 그들을 반가이 맞으며 "나는 단지 겉보기엔 비정상일 뿐이다."라는 답으로 그들의 애초 의도를 잠재웠다.

아데나워는 탁월한 업적을 평가받아 1917년 만장일치로 쾰른 시장에 선출됐다. 아데나워 생애의 자랑스런 날이었다.

그의 나이 약관 43세에 인구 65만 명의 독일 역사상 최연소 시장이 되었다.

아데나워家의 프러시아식 가정교육

아데나워는 아버지로부터 받은 것처럼 자식들을 권위주의적이고 가부장적으로 길렀다.

그의 아들은 이렇게 회고했다.

"남을 설득하는 것이 아버지의 강점이었다. 아버지는 이 같은 설득 기술을 가족 내에서도 발휘했다. 아버지는 설득력으로 자식에게서 올곧음을 보여 주었다. 아버지가 내리시는 조치는 죄다 합당한 근거가 있었다. 그러나 실제로 아버지는 성서 속의 족장처럼 절대적으로 군림했다."

아데나워의 그같은 프러시아식 교육은 바로 근검절약과 상통한다. 선대에서 절약이 물질적 궁핍 때문이었다면 나날이 부가 축적되어 가는 아데나워대의 절약은 가정의 윤리였다.

아데나워는 회고록에서 이렇게 술회한다.

"우리 집 생활태도는 아주 간단했다. 우리 아이들은 성탄절 전 여러 주일동안 주일 날 소고기 먹는 것을 포기했다. 그래서 거기서 절약한 돈으로 크리스마스 장식용 나무와 전등을 샀다."

아들 콘라드의 아버지에 대한 회상도 그에 못지않다.

"아버지는 술, 담배도 안 했고 옷장은 단출했다. 구두도 하도 오래 신어 앞축의 끝이 들릴 때까지 신었다. 이발소를 갖고 있는 시청 직원이 2주마다 와서 아버지와 우리들의 머리를 깎아 주었는데 아버지는 위생적이며 저렴해서 좋다는 말씀을 자주 하셨다."

아데나워의 거주 공간 즉, 쾰른시의 클로스터 거리와 막스브르흐 거리. 나중에 륀도르프의 큰 저택도 분에 넘치는 호화로움과는 거리가 멀었다. 아데나워는 자가용을 소유한 적이 없고 공무 차량이 없을 경우는 언제나 대중교통을 이용했다.

아데나워의 근검절약은 가정생활에서만 국한된 것이 아니었다. 그는 쾰른시의 요직에 있으면서도 공공재정을 넘보는 짓에는 일절 욕심을 내지 않았다.

▲ 뢴도르프에 있는 아데나워 생가

chapter 3

대권의 기회를 거절하며

히틀러로부터 추방당하다 |
다시 찾은 6개월짜리 쾰른시장

―
대권의 기회를
거절하며
―

∎
∙
∎

아데나워는 쾰른 "신자信者"였다. 정확하게 이야기하면 라인란트 신봉자였고, 우리식으로 말하면 지방색이 강한 사람이었다.

그는 시장으로서 쾰른을 전 라인 지방에서 가장 크고, 영향력 있고, 아름다운 도시로 만들겠다는 자신의 정책목표를 공개적으로 천명했다.

아데나워가 쾰른 발전을 위해 이룩한 업적을 보면 놀랍다. 특히 그 무렵이 1차대전 말기이고 쾰른이 이 세계의 중심도 아닌데 그렇게 대담하고도 도전적인 계획들을 실행했다는 것은 아데나워의 이 지역에 대한 애착의 일면을 유감없이 보여주는 사례였다.

1797년 이래 닫혀졌던 쾰른대학이 다시 문을 열었고, 대규모 녹지대를 조성했다. 아데나워는 해체되는 요새 자리에 길이 20km, 폭 1km에 이르는 대규모 그린벨트를 조성할 참이었다. 영국군과 프리시아 간의 성공적인 협상을 마쳤지만 정작 쾰른에서 저항에 부딪쳤다. 압력단체들의 반발이 거셌다. 그 이유인즉 아데나워가 아무것도 모르고 겁 없이 일을 추진한다는 것이었다.

아데나워 소속 정당도 아데나워 편이 아니었다. 그러나 아데나워는 굳게 버티었다. 아데나워는 "시민들을 거리에서 해방시키기 위한 구상이다."라며 그 타당성을 고수했다. 결국, 아데나워가 승리했다. 아데나워는 녹색벨트를 쾰른에서 자신의 최대 치적으로 여겼다.

아데나워는 이와 함께 식량 수당에 각별한 관심을 가졌고 사회주택건설을 정열적으로 추진했다. 부적절한 주거에 살면 십계명을 준수할 수 없다는 게 아데나워의 지론이었다.

그는 또 스포츠를 독일 국민들의 병든 침대의 의사로 간주했다. 그래서 아데나워는 독일에서 처음으로 스포츠 스타디움을 건설했을 뿐 아니라 50여 군데 운동장을 지었다. 경제를 부양하기 위해 쾰른 박람회를 세웠고, 라인 강 선착장을 증설했으며, 세계에서 처음으로 신문 전시회를 열었다. 독일에서 제일 먼저 고속도로를 건설한 사람도 우리가 알고 있는 것처럼 히틀러가 아니라 바로 아데나워였다.

아데나워는 본과 쾰른 구간에 고속도로를 깔았다. 박정희 대통령이 60년대 독일 방문 시 그 고속도로를 달려 보고 감탄한 나머지 한국에 돌아와 확정되어 있는 아시아 경기 대회 유치 결정을 반납하고 경부고속도로를 건설했다는 모델이 된 바로 그 구간이다.

이것은 방대한 계획의 결과로 쾰른은 베를린 다음의 독일 제2도시가 되었고 그 지역의 중심 도시로 위치를 확고히 했다.

아데나워는 쾰른 지방을 넘어서 그 이름이 회자됐다. 그는 1920년부터 1933년까지 프러시아 주지사회의 의장직을 맡았다. 아데나워의 지방행정가로서의 명성은 드디어 제국 재상으로 거명되는 단계로 변천했다.

1926년의 경우 거의 실현 일보 직전까지 갔었다. 그러나 그가 최후 순간 왜 거절했는지는 정확하게 알려지지 않았지만, 의회의 강령이 자신에게 불리해 거부한 것 같다. 그러나 그것은 표면상의 이유였을 것이다. 무슨 비전이 있었기에 손안에 가까이 다가온 대권을 뿌리쳤는가?

대권병에 해가 뜨고 해가 지는, 권력의 냄새를 쫓아 부나비처럼 부유하고 정치적 신의를 개 밥그릇 차듯이 저버리는 이 나라의 정치가들의 구역질 나는 행태를 보노라면 아데나워의 거절은 성자 같은 일이 아닐 수 없다.

아데나워가 쾰른 시장으로 명성을 떨치고 있던 봄 아데나워는 카톨릭 중앙당으로부터 수상 후보로 추대됐다. 1926년 5월 바이마르 공화국의 루터 내각이 붕괴했다.

이에 따라 제국의회 수상실에서 아데나워에 제의가 있었고 아데나워는 베를린으로 건너가 연정의 당 수뇌부들과 협의를 가졌다.

그러나 자신이 맡을 수상직이 전권 없는 자리임을 알고 아데나워는 거절했다. 이에 앞서 베를린의 일간신문 〈베를리너 타게블랏트〉는 아데나워의 거부 예측 보도를 전했다.

"아마도 아데나워는 쾰른에서 성공을 보고 수상직을 수락하는 것에 우려를 갖는 것 같다. 극우적 요설의 탄환을 잠재우기 위해선 상당한 자기부정과 현실적인 조국애가 요구된다."

아데나워는 자기부정과 조국애를 누구 못지않게 갖고 있었으며 극우의 요설도 두려울 게 없었다. 아데나워가 싫어한 이유는 다른 데 있었다. 카톨릭 교도인 아데나워는 프로테스탄트의 본고장인 프러시아의 수도 베를린을 싫어했다.

특히 중앙 정부의 강력한 외무장관 슈트레제만의 비스마르크식 외교정책을 싫어했다. 슈트레제만은 당시 독일의 일방적인 서방쪽 지향을 수정해 모스크바와 조약을 체결할 구상이었다. 아데나워는 이 구상이 근본적으로 잘못됐다고 여겼다.

아데나워는 이미 20년 뒤 자신이 수상과 외무장관으로 서독의 핵심정책이 될, 서방을 위한 분명하고도 명확한 입장을 갖고 있었던 것이다.

라인 지방 문제로 아데나워는 슈트레제만과 부딪친 경험이 있다. 아데나워는 프로테스탄트의 베를린보다 카톨릭의 파리나 브뤼셀을 더 가깝게 느꼈다. 그러나 아데나워의 정확성, 권위주의 그리고 야망과 같은 스타일 등이 "프러시아"적인 성향이라 생각하면 역설적인 데가 있다.

아데나워는 베를린에 중앙 정부를 구축하고 있는 바이마르 연정의 각료들과 다른 "비전"을, 다른 "경륜"을 가지고 있었던 것이었다.

1차대전의 패전을 체험했던 아데나워는 독일의 불행과 유럽불안의 화근을 프러시아의 독일 속에서 보았다. 프러시아의 군국주의와 융커 토지계급에 기반을 둔 비스마르크 독일은 중부 독일에 강력한 통일 국가를 수립한 뒤 동유럽, 서유럽 어느 한 쪽에도 자리를 안정시키지 아니했다. 때로는 동쪽으로 때로는 서쪽으로 나부끼기도 하는 무정견으로, 이른바 그네 타기Schaukel 외교정책을 추구함으로써 유럽에는 불안을, 독일에는 재앙을 가져왔다고 아데나워는 본 것이다.

아데나워는 여러 이웃들 사이에서 정처 없이 위험한 줄타기를 하는 프러시아의 정치가들과 외교적 기회주의를 혐오했다.

아데나워가 수상직을 거절한 또 다른 이유는 자신이 베를린에서 일인자로서 보장받을 수 없다는 점이었다. 당시 바이마르 헌법 48조에 따르면 제국의 일인자는 수상이 아니라 대통령 힌덴부르크로 규정돼 있었다. 결국, 그렇게 할 바에야 차라리 쾰른의 일인자로 남겠다는 게 아데나워의 결론이었다.

사실 쾰른 시장 아데나워는 그 인기나 영향력에서 단지 시장이 아닌 수상 못지않은 최고를 달렸다. 훗날 아데나워가 서독 수상으로서도 쾰른 시장 때만큼 독립적으로 정책을 결정하지 못했을 정도로 그는 막강한 힘을 행사하며 군림했다.

아데나워는 쾰른시 행정을 마치 독립왕국처럼 운용했다. 그는 시의회의 결정 사항을 철회할 수 있을 정도였다.

그가 시장으로서 확립한 보좌관 제도는 정부 수반의 일을 덜어 주는 차관회의와 유사한 것인데 아데나워 수상 시 제도화되었다.

쾰른이라면 자다가도 벌떡 일어날 정도로 지방에 대한 애착이 누구보다 강한 아데나워였지만 인물 발탁은 그런 지방이나 연줄에 얽매이는 법이 없었다. 그는 사람이 필요할 때는 과거도 묻지 않고 정당생활의 기록도 보지 않았다. 그의 쾰른 시청 보좌관 가운데는 각 정파의 사람이 다 있었다. 당의 소속성에 대한 이의 제기가 덜했다.

그는 지방행정을 국가 문제처럼 자기 스타일로 이끌었다. 자본주의든 사회주의든 지방행정 차원에서 아데나워에겐 세계관이 문제가 아니라 합목적성이 중요했다.

아데나워의 쾰른사랑은 그 정치적 생애에서 고통스럽게 인식되고 있는 "분리주의자"라는 멍에를 씌웠다.

독일 제국이 1차대전에서 패배했을 때 아데나워의 프러시아 혐오가 표면화됐고 이어 라인 지방은 프러시아와 분리되어야 한다는 입장을 지지했다. 그는 프러시아와 연계된 민족주의, 군국주의, 막시즘과 물질주의에 구역질을 느꼈다. 그래서 아데나워는 1919년 초 쾰른을 수도로 하고, 팔츠 지방과 라인란트, 그리고 루르 지방을 묶어 서부 독일 독립국가의 창설을 주창했었다.

기본적으로 라인 지방 문제는 독일의 1차대전 패전의 산물로 불거져 나왔다. 비스마르크의 보불 전쟁에서 빼앗겼던 자르 지방을 회복한 프랑스의 다음 관심 지역은 라인 지역이었다. 그러나 프랑스는 라인 지방 당사자들의 도움이 필요했고 이를 알아챈 안목 높은 인물이 바로 아데나워였다.

아데나워가 프랑스의 이 같은 속내를 일거에 거절했다면 분리주의자라는 악명을 뒤집어쓰지 않았을 거라는 견해도 있다. 어쨌든 사태는 전개돼 아데나워가 당시 분리운동의 핵심 행동 요원이었던 도르트와 회담을 갖는 등 구체적으로 진행됐다.

1919년 2월 1일, 쾰른 시청의 한자홀에서 대집회가 열렸다. 이 모임에는 라인 지방 출신의 바이마르 국민회의 의원들도 초청받았다. 84명 가운데 65명이 참석했다. 아데나워는 그러나 연설을 통해 합법적인 방법으로 서부 독일 국가를 창설할 수 없음을 밝혔다. 제국 헌법이 그걸 허용하지 않는다는 것을 아데나워는 알고 있었다. 또 하나는 독자적인 군사력이 없다는 점이다.

애초 열망과는 달리 한자홀에 모인 분리주의 신봉자들은 아데나워의 독립국가 결성 불가론에 적지 않게 실망했다.

아데나워는 제국분리운동이 난망하다는 것을 여우라는 별명에 걸맞게 자신의 지지자와 비판세력보다도 먼저 알아챈 것이었다. 서부 독일 국가의 꿈은 그런 움직임에 호락호락 할 수 없는 프러시아의 강력함 때문에 실현될 수 없었다.

히틀러로부터 추방당하다

용기 있게 살다간 인물들의 인생 수첩에서 우리는 암울한 시대의 고난의 기간이 기회의 초석으로 작용한다는 것을 흔히 만나게 된다. 너는 그때 어디서 무엇을 했는가. 어려웠을 때의 처신은 지도자 요건으로서 중요한 대목이다. 자신의 위험을 무릅쓰고 소신의 행동을 한 적이 있으며, 여론의 역풍을 감수하면서 국익의 정도를 주장한 적이 있는 사람이어야 최소한 지도자의 자격이 있다.

독일의 역사가 마이네케가 '시대의 폭풍'으로 규정한 독일사에서 두 비극의 종장인 히틀러 시대를 자세히 논하는 것은 이 글의 본령이 아니다.

아데나워가 히틀러 시대에 부역하지 않고 꿋꿋하게 살아남은 것이 궁극적으로 그가 현실정치에 복귀해, 결정적으로 초대 수상으로 갈 수 있었던 플러스 요인으로 작용했다.

아데나워와 히틀러 간의 악연의 서장은 이렇다. 프러시아를 혐오했던 아데나워는 역설적이게도 1921년 이래 프러시아 주회의 의장직을 맡아 왔다. 1933년 1월 17일 히틀러는 쾰른에 와 줄 것을 초청받는다. 다가오는 제국의회 선거를 위한 대규모 집회의 연설이 그 목적이었다.

히틀러의 초청과 관련해 아데나워는 자신의 입장을 분명히 했다. 히틀러는 제국 수상 자격으로 올 수 없고 당 총재로 와야 한다는 입장이었다. 아데나워와 히틀러의 쾰른회동은 이뤄지지 않았다. 아데나워는 히틀러가 도착하는 공항에 영접을 나가지 않았고 대신 그의 비서가 대리로 참석했다. 여기다 아데나워는 나치행동대원들이 히틀러 도착에 맞춰 라인 강 다리에 내건 갈고리가 그려진 3제국의 깃발을 허가 없이 내리는 모욕을 가했다.

무슨 뒷심으로 아데나워가 나치에 공개적으로 도전했는가? 물론 히틀러가 연설하는 공원의 연단 앞에는 게양을 허가했다. 나치 행동대원들은 분노했다.

선거가 끝난 뒤 나치는 아데나워를 "인민의 범죄자요, 적"으로 규정하고 그를 "보호 감시"하기 위해 아데나워의 마르크스 브르흐 거리 자택에 6명의 대원을 배치시켰다.

아데나워에게 사임 압력이 들어왔다. 그런 압박 가운데서 조용히 물러나라면서 연금 제의로 유혹했다.

그러나 아데나워는 남았다. 아데나워는 나치대원들에 의해 자택에서 창밖으로 버려지려는 위협을 받지만, 다행히 아무런 일도 일어나지 않았다. 아데나워는 13일 아침 집에서 나치 감시대원이 눈치 못 채게 몰래 빠져나가 베를린으로 갔다.

어려울 때마다 곁에 있는 친구 로버트 페르트멩게스가 차와 운전사를 보내 탈주를 도왔다. 그날 쾰른에 진주한 나치는 아데나워의 공직 박탈을 선포했다. 그 이유는 반역과 공금 횡령이었다.

아데나워는 나치의 내무장관 헤르만 괴링에게 자신의 해고에 항의했으나 그의 항변은 허공의 메아리였다. 아데나워는 은행 계좌를 압류당하고 연금도 끊겼다.

그러나 뜻하지 않게 그에게 도움을 준 사람은 일면식도 없는 유태인 사업가 하이네만이었다. 하이네만은 아데나워에게 1만 마르크를 빌려주었다. 그래서 4월 말 아데나워는 무대 전면에서 사라지기 위해 마리아 라하 수도원으로 향했다.

라하 수도원은 그의 김나지움 친구인 이데폰스 헤르베겐이 수도원장이었다. 아데나워는 수도원에서 10개월을 지냈다. 아데나워는 독방에서 홀로 지내며 도서관에서 교황의 교서와 독일과 로마 역사 그리고 마키아벨리를 읽었다. 아데나워는 훗날 "수도원 생활이 인격적, 정신적 발달에 유익했다."고 말했다.

나치가 한때 아데나워를 잊은 듯싶었다. 아데나워는 1934년 봄 베를린으로 거처를 옮겼다. 그는 가족들과 함께 거주하기 위해 노이바벨스 베르크의 빌라 한 채를 임대 냈다.

그러나 아데나워는 6월 30일 이른바 룀 쿠데타로 말미암아 체포됐다. 게슈타포는 아데나워를 자동차로 끌고 갔는데 잠시 뒤 가족들은 수발의 총탄 소리를 들었다. 그것은 잠행자와 불과 수백 미터 지척 거리에 있는 그 아내를 향한 총탄이었다.

아데나워는 이렇다 할 해명과 체포 이유에 대한 설명을 듣는 절차도 없이 풀려났다. 나치는 아데나워가 쿠테타 음모와 연계돼 있지도 않았는데 그를 잡아들였던 것은 가능한 기회가 있을 때마다 반체제와 반대분자를 제거하기 위해서였다.

아데나워는 다행이었다. 물론 종전 직전에 다시 한번 체포되지만.

아데나워는 라인 강 가의 뢴도르프로 쫓겨왔다. 나치가 몰락할 것이라는 기대는 희미해져 가는 것 같았다.

* * *

1935년 어느 날 밤이었다. 그날 밤늦도록 뢴도르프 창 밖으로 굵은 장대비가 내렸다. 라인 강의 강물은 홍수 위험수위에까지 도달했고 회색빛 강물은 더욱 침침해져 갔다. 환갑의 나이가 된 아데나워의 눈에는 자신과 자신의 가족과 조국 독일이 마치 저 침침한 라인 강물처럼 돼 가는 것 같았다.

아데나워는 홀로 창밖을 오랫동안 응시했다. 그는 마치 좌절의 준비 상태에 있는 기분이었다. 그 순간 그러나 아데나워의 손에는 우연인지 운명인지 몰라도 요셉 콘라드의 『태풍』이라는 책이 쥐어져 있었다. 선장이 폭풍우와 사투를 벌이면서 헤쳐나간다는 줄거리의 소설로 그 소설 속의 선장의 이야기가 아데나워의 심장을 뜨겁게 데웠다.

선장을 구한 것은 선장의 지능과 지식이 아니라, 인내와 끈질긴 투지력이었다. 홀로 사투를 벌이는 『태풍』의 선장은 아데나워에게 용기를 주었다.

동생의 힘든 노력 끝에 아데나워는 가족들 곁으로 돌아오는 허가를 받았다. 그는 오늘도 그 자리에 남아 있는 뢴도르프에 집을 증축했다. 그는 가족들과 바쁜 시간을 보냈다. 정원의 담을 쌓고, 장미를 가꿨다. 라인 강이 내려다보이는 전망이 넓은 집은 쾌적하기 그지없었다. 정치적 상황을 잊는다면 아데나워에게 행복한 기간이라고 해야 할 것이다.

그 무렵 베를린 하계 올림픽이 열렸다. 아데나워는 독일인들을 노예처럼 부린 히틀러가 주연이 된 올림픽을 충격과 수치 속에 바라보았다.

아데나워는 나치에 의해 두 번째로 체포된다. 1944년 8월 23일. 이른바 7월 20일 나치 암살 기도에 연루된 혐의로 체포됐다. 게슈타포는 그를 바로 쾰른의 박람회 건물로 이감했다. 이어 그는 부헨발트 강제수용소로 넘겨졌다.

아데나워는 부헨발트 수용소에서 일생일대의 전환을 경험한다. 아데나워에게 그건 구사일생의 행운의 시간이었다. 거기서 그는 감방 동료였던 오이겐 짠더의 도움이 없었다면 나치의 희생물로 싸늘하게 사라졌을 것이었다.

짠더는 수용소에서 불면에 고통을 받으며 해골처럼 앙상하게 야윈 아데나워를 발견했다. 짠더는 아데나워를 방으로 데려갔다. 짠더는 아데나워와 긴 시간 이야기를 나눴고 거기서 아데나워는 이런 생각을 전개했다.

"미국과 소련 간의 부자연스런 동맹 관계는 곧 깨진다. 세계는 공산진영과 민주진영으로 나뉜다. 패전의 독일은 양 진영 가운데 한 곳을 궁극적으로 선택해야 한다."

아데나워는 계속 말했다.

"친구 오이겐, 당신도 알 거야. 나는 원래 심약하고 감수성이 예민한 사람이야. 그러나 사람들과의 접촉이 나를 강하게 만들었어."

당시 히틀러 치하의 수용소 생활이 얼마나 잔인하고 처참한 것이었음을 아데나워는 감방 동료 짠더의 증언으로 회고했다.

"매일 화장터로 가는 수송이 있었다. 어느 날 2명의 혈기왕성한 러시안인들이 도둑질로 붙잡혔다. 그들은 공개 처형됐다. 러시아인의 손을 등 뒤로 묶고 발가벗겨 놓은 채 두들겨 팼다. 팔이 고깃덩어리처럼 떨어져 나갈 때까지. 이날 아데나워는 관식에 손도 대지 않았다. 나는 보았다. 아데나워가 그날 잠들 때까지 신음소리를 내면서 뒤척이는 모습을."

어느 날 짠더는 다음날 밤 이송되는 수용자 명단 가운데 아데나워의 이름을 발견했다. 짠더는 그건 부헨발트가 틀림없다는 생각에 섬뜩했다. 짠더는 자신과 함께 붙잡혀 온 뒤 그간 좋은 관계를 유지해 온 수용소 담당 의사와 긴급히 접촉했다. 그 날밤 아데나워는 중환자로 분류돼 병동으로 옮겨졌다. 그러나 그곳도 안전지대로 여겨지지 않았다. 아데나워는 탈출을 계획했다. 아데나워는 병원에서 도망 나와 니스터 방앗간으로 피신했으나 그것이 또 다른 결과를 초래했다.

게슈타포는 이 일로 그를 특별 관찰했다. 아데나워의 부인이 체포됐고 그녀는 따로 감방에 가둬 겁탈하겠다는 협박을 받았다. 게슈타포가 니스터 방앗간으로 쳐들어왔을 때 아데나워는 깜박 정신을 잃었다.

91

아데나워는 옷을 걸치는 둥 마는 둥 이 층으로 잽싸게 몸을 피해 숨을 곳을 찾았다. 그러나 곧바로 체포됐다. 1944년 9월 25일, 아데나워 부부는 서로의 행로를 알지 못한 채 게슈타포 감방에 갇혔다.

부인이 먼저 9주 만에 석방됐다. 아데나워를 포함해 60명이 체포돼 있었는데 27명이 처형됐다.

그 뒤 2개월 뒤 아데나워는 게슈타포에서 풀려났다. 아데나워는 신발도 바지도 없이 거렁뱅이 차림으로 향했다. 그러나 다행히도 도중에 아는 사람을 만나 그가 집까지 자동차로 데려다 주었다.

미 군정기에도 아데나워 집과 정원에는 몇 차례 총탄이 떨어졌다. 마을 주민들은 대피하느라 법석이었다.

그러던 어느 날 뢴도르프 쩨니히스베르크 8A번지에 지프차 한 대가 경적을 내면서 멈췄다. 건장한 미군 장교 두 명이 내렸다. 그들은 집주인 아데나워에게 같이 가 줄 것을 부탁하며 다시 쾰른 시장을 맡아 주지 않겠느냐고 정중하게 물었다.

이날 독일의 다른 일부 지역에선 여전히 전투가 계속됐다. 그러나 아데나워에겐 정치 컴백이, 이른바 아데나워 시대라 부르는 전후 시대가 열리고 있음이 예고되고 있었던 것이었다.

다시 찾은 6개월짜리 쾰른 시장

히틀러의 독일은 연합군에 1945년 5월 7일 무조건 항복을 선언했다. 아데나워의 전후 정치 재개도 패배로 시작됐다.

아데나워는 미국인들의 주요 추천 인물 목록인 이른바 백색 리스트에 넘버 원으로 기재된 인물이었다. 장기간에 걸쳐 쾰른 시장을 경험한 가장 인기 있는 아데나워를 미국이 다시 찾은 것은 당연한 이치일 것이다.

그러나 오랫동안 그리던 옛 자리로 다시 돌아온다는 것이 아데나워에게 그저 마냥 즐거움만이 아니었다. 1939년 쾰른 인구는 75만 명이었다. 그런데 1945년 라인 강 좌안에는 3만 2천 명이 살아남아 있고 우측에선 싸움이 지속되고 있었다. 건물의 반 이상이 파괴되었고, 쾰른은 완전히 폐허의 도시였다.

돌아온 백전노장 쾰른 시장 아데나워는 하루 18시간씩 일을 했다. 이미 그의 나이는 칠순을 넘겼다. 도움을 받을 곳은 없고, 문제 해결을 요구하는 소리만이 곳곳에서 들렸다.

아데나워는 종전이 되자마자 작은 버스를 부헨발트, 다하 등 강제수용소에 보냈다. 나치의 감옥에서 살아남은 생환자들을 데려오기 위해서였다. 인력 부족을 메우기 위해 서두른 조치였다. 아데나워는 라인 강 다리 재건도 시작했다. 학교도 수리하고, 도시의 재정비 작업에 착수했다.

그러나 그해 가을 라인 지역의 연합군 점령이 미국에서 영국으로 바뀌었다. 그게 새 출발을 시작한 아데나워에게 시련을 안겨 주었다.

영국군은 아데나워에게 별 관심을 주지 않았다. 분위기도 냉랭했다. 영국은 10월 5일 아데나워를 시장직에서 해임했다. 영국이 아데나워를 해임한 것은 아데나워가 자신들의 정책에 고분고분하지 않는다는 이유에서 였다.

영국군 점령사령관 베러크러는 아데나워에게 12가지 내용이 담긴 서류에 서명을 요구했다. 그 5번째 내용이 "아데나워 당신은 오늘 자로 해고이다."는 내용이었다. 그 이유는 틀에 박힌 것이었다. 아데나워 당신은 쾰른 시민들에 대한 의무를 다하지 못했다는 것. 아데나워로선 어처구니없는 이유였다. 이 코미디 같은 해임에 대해 아데나워는 회고록에 이렇게 썼다.

「내가 영국군 사령관 집무실에 들어갔을 때 그 방에는 몇몇 장교가 배석해 있었다. 내가 들어갔는데도 그들 중 아무도 일어서지 않았다. 아주 짧게 공식적인 인사가 있은 뒤에도 나에게 의자 하나 건네지 않았다. 나는 의자 하나를 가져다 앉을 생각이었다. 그때 사령관이 낮은 소리로 말했다.

"서 있으시오." 이어 나는 그 서류에 서명할 것을 강요받았다. 나는 "노"라고 거부했고, 그 방을 박차고 나갔다.」

해임된 배경에는 이런 이야기도 있다.

아데나워는 자신이 시장재임 때 야심적으로 조성했던 그린벨트를 영국이 벌목하는 것에 반대했다. 그 이유는 영국이 벌목의 명문으로 삼고 있는 연료 부족난에 도움이 안 된다는 게 아데나워의 생각이었다. 벌목을 하면 재생하는 데 수십 년이 걸릴 것은 물론이고, 쾰른 시민들은 연료의 어려움을 견뎌낼 수 있을 것이라고 아데나워는 굳게 믿었다.

해임된 또 다른 이유는 마치 괘씸죄 비슷한 뉘앙스를 풍긴다. 아데나워가 영국기자에게 인터뷰를 응한 적이 있는데 그게 문제가 됐다는 것이다. 영국은 아데나워의 인터뷰기사를 통해 아데나워가 여전히 미국과 관계를 유지하고 있다고 의심을 했다. 여기에는 영국뿐 아니라 그의 명예에 흠집을 내려는 아데나워 반대자들의 고자질이 거들었다. 당시 영국은 노동당 정부가 집권하고 있어 알게 모르게 서독의 사민당에 호감을 갖고 있었다. 아데나워를 꺼릴 수밖에 없는 정황이었다.

아데나워는 1주일 내 쾰른을 떠날 것을 요구받았고 모든 정치활동도 박탈당했다. 아데나워에겐 12년 전보다 더 참담한 시련이었다. 아데나워는 말했다. "내가 쾰른을 떠날 때 아무도 환송하고자 하지 않았다."

역사의 진자운동 법칙 속에 아데나워는 고향 시장으로 컴백했고, 몸과 마음을 바쳐 일을 하려던 순간 예상치 못하게 거부당한 것이었다.

이 쇼크로 아데나워의 아내도 앓아누웠다. 아데나워의 두 번째 아내였던 구시는 결국 나치 시대의 고문 후유증이 겹쳐 1948년 3월 아데나워가 수상이 되는 것을 보지 못하고 먼저 세상을 떠났다.

그러나 아데나워가 쾰른에서만 정치활동을 금지당한 것이었지 독일 다른 지역에서도 몸이 묶인 것은 아니었다. 많은 아데나워의 전기傳記 작가들은 이 대목에서 역사의 가정법을 도입하기를 주저하지 않는다. 즉 영국군 사령관이 그를 "추방"하지 않았다면 그의 인생길이 달라졌을 것이라는 가정이 바로 그것이다. 아마도 그는 전후 복구를 맡는 역사적인 독일 수상으로서의 길을 걷지 못했을 것이라는 가정이다. 사실은 그렇지 않더라도 가정을 전제하여 추정해보는 인물의 전기 읽기는 그래서 흥미롭다.

chapter 4

아데나워의 시국관

뢴도르프로의 초대 |
당내 좌파그룹을 물리치다

―
아데나워의
시국관
―

■
■
■

 아데나워의 권력의 길로 가는 도정을 보다 풍성하게 이해하기 위해선 종전 독일의 풍경을 재현해 봐야 한다.
 당시 독일은 무엇이었는가? 완벽한 파괴라는 말 이외에 달리 설명할 길이 없다. 외적, 내적 어느 부분을 봐도 마찬가지이다. 외적인 폐허의 모습을 통계로 보면 1천만 명의 사망자와 수백만 명의 부상자와 과부와 고아들이 발생했다.
 산업시설은 1938년 기준으로 3분의 1만 서 있고, 하루 1천 칼로리의 식량 배급, 학교 아동의 절반이 결핵에 시달리고, 여기에 실업과 암시장과 도덕적 해체 현상. 옛 제국의 영토 4분의 1은 날아가고 거기다 남은 영토마저 4대 강국이 네 등분해서 승리자로 점령하고. 그런 마당에 영국의 처칠은 적어도 20년은 점령 기간이 돼야 한다는 의견을 폈다. 이것뿐이 아니었다. 독일인들의 가슴도 완전 개차반이 됐다.

독일인들은 히틀러의 전범이라는 멍에를 뒤집어쓰고 이웃 국가들로부터 증오와 멸시 그리고 천대에 둘러싸여 있었다. 독일, 독일인의 이미지는 추락할 때까지 추락했다.

독일의 저작들은 이 같은 외적, 정신적 잿더미 상황을 "스툰데 눌StundeNull", 즉 0점의 시간으로 비하하고 있다. 폐허의 출발선을 제로로 규정한 것이었다. 물론 0이라는 의미 속에는 과거를 털고 미래로 달려간다는 의지도 강하게 배어 있다.

아데나워는 이 같은 상상할 수 없는 재앙이 독일에 닥친 것은 독일인들이 신봉하고 있는 그리스도의 가치관을 기본으로 하는 형이상학적 가치관을 거부하고 파워와 국가를 신성시하는 물질주의로 경도된 데 따른 업보라고 확신했다.

독일이 치유되려면 이 같은 기본 가치가 바뀌어져야 한다는 게 아데나워의 생각이었다. 즉 기독교적 세계관이 물질주의적 세계관을 대치해 국가가 중심체제가 아닌 개인이 중심이 되어야 한다는 것이었다.

인간 개개인은 직무의 도구가 아닌 존중돼야 할 가치가 있으며 기본권은 불가침 돼야 한다는 것이다. 마르크스의 물질주의적 세계관이 독일의 이 같은 사태 악화에 기여했다고 아데나워는 보았다.

여기에다가 아데나워는 역사로부터 크나큰 교훈을 끌어냈다. 독일 국민들은 수십 년간 국가, 파워에 대한 한 개인의 입장을 그릇된 개념으로 병들게 했다. 그건 국가를 우상으로 만들었고 개인성과 개인의 존엄, 가치는 이 우상에 희생됐다고 보았던 것이다.

아데나워는 또한 국민을 속이는 전체주의 체제에 대해 증오했다. 이 같은 원칙이 한 정당의 강령에서뿐 아니라 국가의 모든 분야와 차원에서 대표돼야 하고, 쟁취돼야 한다는 게 아데나워의 신념이었다.

뢴도르프로의 초대

아데나워가 기민당 창당에서 권력장악이라는 도정을 이해하기 위해선 당시 기민당 내 파벌을 이해하는 것이 중요하다. 당시 기민당은 아데나워의 리더십이 없었던들 오랜 전통과 조직이 정비된 사민당을 1949년 총선에서 물리치고 제1당의 자리를 차지하는 것이 도저히 불가능했을 것이다.

나치의 박해와 영국군으로부터의 추방은 한편으로 아데나워로 하여금 인간혐오를 갖게 했지만 다른 한편으론 인간의 존엄을 보장하는 정치체제의 확립을 위한 정당활동에 매진하는 동기를 부여했다.

아데나워는 당시 기민당 내에 있는 다양한 파벌을 배제하지 않고 타협에 의한 통합을 이뤘다. 당시 기민당도 역시 사회적 분위기를 반영해서 좌파가 세력 판도에서 우위를 유지했다. 기민당은 창당 무렵 이데올로기적으로 두 개의 조류가 이어져 왔다. 카톨릭파와 기독사회주의파가 바로 두 주류였다.

기독사회주의파는 "바이마르 시대의 단순한 정치적 민주주의를 넘어 경제적 민주주의를 실현해야 하고 그를 위해선 민주적 사회주의가 불가피하다."는 입장을 광범위하게 전개시켜 나갔다. 이리하여 기민당 내에는 좌익적 분위기가 확산되어 갔고 급기야 사회위원회가 구성되어 좌파의 아성이 구축되기에 이르렀다.

아데나워는 카톨릭과 프로테스탄트 간의 대립을 리더십으로 조정하는 역량을 발휘했다.

* * *

1946년은 콘라드 아데나워의 정치인생에서 아마도 가장 결정적인 한 해였다. 이해 12개월 동안 그는 숨 가쁘게 향후 권력 장악을 위한 기반을 확고히 했으며 당내 지배권을 장악했다. 그해 정월부터 아데나워는 긴 세월 동안 놓고 있지 않던 노트를 손에 잡았다.

아데나워는 그해 70세, 우리 나이로 71세를 맞았다. 아데나워의 칠순 생일잔치는 보통의 생일잔치가 아닌, 주인이 주도면밀하게 계산한 예사롭지 않은 성격의 모임이었다.

1946년 1월 5일, 아데나워는 라인 지방의 기민당 중진 7명을 뢴도르프 자택으로 초대했다. 우리는 여기서 앞으로 이 글에서 자주 등장하게 되는 뢴도르프라는 지명에 대해 잠깐 언급해야 한다.

아데나워의 뢴도르프 자택은 1937년 지은 뒤 그가 우리 나이 91세에 사망할 때까지 살던 집이다. 본 시내에서 라인 강을 건너 바트 혼네프라는 곳에 위치한 린도르프의 자택은 고대광실高臺廣室도 호화주택도 아니었다. 14년간 서독 총리로서 세계적인 영향력을 행사했던 정치가의 집으로 믿기지 않을 정도로 독일 보통 사람들의 상식에 부합하는 수준의 집이다.

아데나워는 수상 시절에도 이 집에서 잠을 잤고, 또한 이 집은 단순히 주택이라는 의미를 넘어서 아데나워의 정치적 결정에 중요한 장소로 이용됐다. 현재는 아데나워 하우스로 명명돼 그의 기념관으로 되어 있다.

다시 본 이야기로 넘어가서 그날 그렇게 초대받은 이들은 기민당 좌파그룹의 인사들로 그들은 어쩌면 순진하고 이상주의적인 성향을 가진 당 동지들이었다.

이들은 뒤셀도르프와 에쎈에서부터 본의 린도르프까지 왔는데 아데나워가 직접 승용차 2대를 보내 주었고 나머지는 스위스 영사관의 후원을 받았다. 당대회를 앞두고 이들의 지지를 확보하기 위해서였다.

당시만 해도 사민당은 과거의 조직과 당원 기반을 체계적으로 재건할 수 있는 여지가 있었으나 기민당은 완전히 맨땅에서부터 시작해야 하는 형편이었다.

아데나워는 생일 저녁 자리에서는 자신의 계획인 당지도부를 맡겠다는 식의 구상을 직설적으로 밝히지 않았다. 아데나워는 하루 뒤 당 동지들에게 서한을 띄웠다.

이어서 영국점령 지역 내 기민당 대표자 첫 모임이 헤어포트에서 열렸고, 그 모임에서 아데나워는 통제권을 장악했다. 회의가 지연될 낌새가 보이자 아데나워는 즉시 의장석을 차지했다. 그 자리에서는 원래 홀츠아펠 시장이 의장을 맡기로 돼 있었다. 아데나워는 자신이 분명 제일 연장자이기에 의장의 자격이 있다고 믿었다. 장내는 웅성거렸다. 많은 사람들은 놀란 표정이었다. 그때의 상황을 목격자들의 증언을 통해 알아보자.

「의장석은 비어 있었다. 그런데 갑자기 아데나워가 연단에 올라와 의장석에 앉았다. 이어 아데나워는 "저는 1876년생입니다. 아마도 여기서 최연장자인 듯싶은데요. 이의가 없다면 제가 의장역을 하려고 합니다."라며 회의를 진행했다.」

아데나워는 회고록에서 당시 에피소드를 "나는 단지 최고령 의장으로 개회를 했고 참석자들의 희망에 따라 회의를 계속 이끌었다."고 적고 있다.

그러나 아데나워는 자기 일을 했고, 회의 말미에는 결국 아데나워가 기민당 주 지부장으로 선출됐다. 기회가 오면 그 단계에서 가장 중요한 목적을 달성하는 아데나워의 진면목을 보는 순간이었다.

아데나워는 그해 2월 5일 라인 지방 기민당 지부장이 되었고 1946년 말에 실시된 노르트라인-베스트팔렌 지방 의회 선거에서 의원으로 당선되면서 이 지방 기민당의 일인자가 되었다.

아데나워는 주지사 내지는 최소한 주장관까지도 될 수 있었으나 모두 거절했다. 그는 시야를 넓게 보고 있었던 것이었다.

당시 서방 측 연합군이 취한 조치가 먼저 중앙연방 정부가 수립될 때까지 서독을 9개의 자치주, 즉 란트Land로 구분하는 일이었다. 서방의 주 분리정책의 기본 입장은 독일에서 권력 집중을 제도적으로 차단해 히틀러 시대와 같은 중앙 집중의 위험성을 사전에 차단하자는 것이었다. 즉, 주 단위로 나누어 히틀러의 악몽을 막아 보자는 권력 분산의 원칙에 따라 이뤄진 조처였다. 그리고 9개로 나누어진 각 주들은 중앙 정부가 수립될 때까지 그 주가 소속된 연합국 점령국의 고등판무관의 임시 통치하에 놓였다.

연합국의 주 분할 계획에 따라 영국군 관할이었던 루르 지방에는 노르트라인-베스트팔렌 주가 새로 창설됐다. 이 지역에 주 창설은 아데나워에게도 중대한 의미를 지니고 있다. 이 지역이 아데나워의 정치적 터전이었을뿐더러 영국군 점령의 노르트라인-베스트팔렌은 서독 지역에서 가장 중요한 정치적 비중을 지니고 있었다.

노르트라인-베스트팔렌 주 창설의 배경은 동독에서 소련에 대항한다는 것이 직접적인 측면이었다. 즉, 주 창설로 루르 지방의 중립화 내지 국제화 구상을 매장시켜 국제화에 따른 소련의 개입을 미연에 방지하자는 게 그 목적이었다. 또한, 새로운 주 창설은 프랑스가 요구하는 라인란트 지방의 분리운동을 거부해, 이 지역을 독일로 남게 하겠다는 의미가 담겨 있다.

이런 영국의 실행에 아데나워가 전폭적인 지지를 한 것은 당연한 귀결이었다. 다시 말해 노르트라인-베스트팔렌 주 창설은 아데나워가 혐오해 마지않는 프로이센의 해체를 의미하는 것이었기 때문이었다.

1차 세계대전 직후에 프로이센에 대항하는 독립적인 주 창설을 주장했던 아데나워로서는 그 점에서 더욱 찬성하지 않을 수 없었다. 즉, 영국과 아데나워의 이해관계가 일치한 것이었다. 주 창설에 이어 고등판무관의 감시하에 각 주의 정부 구성을 위한 선거가 영국군 점령지구에서 처음으로 1946년에 실시되었다.

전후 처음으로 기민당의 국민적 지지도를 시험하는 시험대였다. 이 선거에서 기민당은 전국적인 조직을 갖고 있는 사민당과 치열한 선거전을 벌인 끝에 제1당으로 부상했다. 특히 노르트라인-베스트팔렌 지역에선 기민당이 49.1%로 사민당 30.2%를 압도적으로 눌렀다.

아데나워의 기민당은 당내 헤게모니 투쟁 속에서도 향후 서독의 정권을 담당할 수 있는 정당으로서 안팎으로 인정을 받았다.

당내 좌파그룹을 물리치다

정당 정치인이었던 아데나워가 기민당의 당권을 장악하는데 장애 요소가 된 것이 당내 좌파세력이었다. 당시 기민당 내 좌파세력들은 강령 문제, 특히 경제정책에 문제가 있어 우파보다는 사민당 쪽에 훨씬 가까웠다.

프랑크푸르트파들은 기독교적 책임의 사회주의를 주장했고, 베를린에 지지 기반을 둔 야콥 카이저는 체제 간의 이데올로기적 가교에 바탕을 둔 기독 사회주의 모델을 주장했다. 이 같은 당내 투쟁 속에 아데나워는 루드비히 에어하르트라는 원군을 만났다.

에어하르트는 군정의 경제 자문관 역할을 맡고 있었다. 바이에른의 퓌어스 출신인 에어하르트가 개발한 경제 모델은 당내에서 고개 드는 사회주의 경향에 맞대응할 수 있는 매혹적인 대응 모델이었다.

1948년 단행된 통화 개혁이 에어하르트 작품인데 이는 서독 경제 부흥의 물꼬를 열어 주는 획기적인 조치였다. 공급이 불안정한 상황에서 통제를 풀고 자유시장경제로 간다는 것은 당시로써는 일대 모험이었다.

에어하르트의 통화 개혁이 발표됐을 때 미군정청의 클레이 장군도 놀라움을 금치 못했다. 왜냐하면, 클레이 장군도 사전에 이에 대한 협의가 없었을뿐더러 거기에는 의심할 나위 없는 위험이 내포돼 있었기 때문이었다. 그러나 자유시장경제 신봉자인 클레이 장군은 군정 당국을 설득했다.

클레이와 에어하르트가 프랑크푸르트에서 만나 나눈 짧은 대화는 두 사람 간의 교감을 함축적으로 나타내 주고 있다.

클레이가 물었다.

"에어하르트 박사, 내 보좌관들은 당신의 통화 개혁 조치를 엄청난 오류라고 말하고 있는데 어떻소?"

에어하르트가 1초의 머뭇거림도 없이 총알처럼 답했다.

"클레이 장군, 그런 소리에 귀 기울일 필요 없습니다. 나의 보좌관들도 똑같은 이야기를 합디다."

두 사람 간의 만남은 독일 역사의 운명적인 사건이었다. 그도 그럴 것이 통화 개혁 조치는 독일 경제 부흥의 서곡을 가져왔으며, 이에 따른 사회적 시장경제는 서독 경제·사회 발전의 검증서가 되었다. 서독에서 통화 개혁의 성공은 "신화"라고 일컬어지고 있는데 독일은 1990년 동·서독 간의 통일 시 화폐의 통일로 국가적 통일을 굳히는 방법을 다시 채택했었다.

에어하르트의 통화 개혁과 경제모델에 대해 사민당 뿐 아니라 기민당 내에서도 비판이 강했다. 그래서 에어하르트에 대한 사임 압력으로까지 발전해 나갔다. 그러나 아데나워는 에어하르트에게 가해지는 안팎의 압력을 자기편으로 끌어들이는 데 성공했다.

통화 개혁이 끝난 2개월 뒤인 1948년 8월 아데나워는 영국점령지역 기민당 당대회에 에어하르트를 초청해 경제정책에 대한 기조연설을 의뢰했다. 그때까지만 해도 에어하르트는 특정 정당에 소속돼 있지 않았지만, 자민당 계열로 보는 것이 일반적인 분류였다. 아데나워는 그래서 차제에 에어하르트를 기민당으로 끌어들여 기민당의 정권 창출의 가능성을 분명히 하고자 하였다. 그러나 이 같은 아데나워의 생각에 대해 에어하르트의 경제정책에 반대하고 있던 당내 사회주의파는 신랄한 비판을 퍼부었다.

아데나워가 에어하르트를 옹호하고 나선 것은 곧 다가올 총선에서 사민당과의 대결의 최대 쟁점이 경제정책이 될 것이며, 선거

강령으로 에어하르트의 정책적 관점이 절대 필요하다고 판단했기 때문이었다. 결국, 기민당은 1949년 에어하르트의 주장을 선거 공약으로 채택했다.

그러나 좌파 그룹의 반대가 문제로 남아 있었다. 기민당 내 좌파 그룹인 사회위원회는 에어하르트의 경제정책 모델을 어떻게 명명할 것인가에 대해 원래 에어하르트의 "시장경제"에 저항을 해서 결국 "사회적"이라는 수식어를 붙여 호칭하는 것으로 좌파의 주장을 부분 수용하였다. 결국, 다양한 조류를 타협한 산물이었지만 그건 아데나워의 승리였다.

에어하르트 모델은 기민당의 공식 당강령으로 채택됐다. 아데나워는 1949년 총선을 에어하르트 모델로 싸웠다.

인간은 빵만으로 살 수 없다. 주택과 냉장고, 자동차가 있어야 하고 휴가도 필요하다. 즉, 에어하르트의 사회적 시장경제 이론을 집대성해 놓은 책 『전체를 위한 복지』는 어느 누구도 과다한 소유를 해서는 안 된다는 적절한 소유를 근간으로 한 복지를 극대화하는 내용을 담고 있다.

에어하르트의 사회적 시장경제의 4가지 근간은 "경제성장", "완전고용", "통화안정", "대외균형"이었다. 에어하르트의 사회적 시장경제는 통화 개혁을 시발로 공산주의 계획 경제를 압도하면서 전후 독일 부흥과 라인 강 기적의 기본 축이 되었고, 내용상으로는 시대 상황을 반영하는 변화를 꾀해 오고 있지만, 오늘날에도 독일 경제의 기본정신으로 면면히 이어져 오고 있다.

chapter 5

수상으로 가는 길

본을 위한 결정 |
1949년 연방의회 선거

―
수상으로 가는
길
―

아데나워는 점령국 치하에서 일인자 자리싸움에서 승리를 구가했다. 당내 크고, 작은 싸움에서 책략가임을 유감없이 보여주었다. 입법회의 의장으로 선출되는 과정도 그 본보기였다.

1948년 소련이 미·영·불 등 4강이 참석하는 외상회담을 거부하고 나섰고 이어 베를린 봉쇄 조치를 일방적으로 취했다. 소련 치하에 놓인 고도와 같은 베를린에 물자공급을 끊겠다는 소련의 전략이었다. 서방은 이에 단호히 맞서 베를린 공수를 개시했다.

미국과 영국은 사상 유례없는 공수 작전을 개시해 약 28만 차례에 걸쳐 2백만 톤의 공급물자를 베를린에 지원했다. 결국 소련의 그와 같은 태도는 서독 지역에서 연방 정부 구성을 재촉하도록 만들었다.

1948년 8월 새 헌법의 기초를 위한 입법회의가 본에서 열렸다. 8월 31일 아데나워는 입법회의 첫 회의를 주재했고 예상대로 의장 후보로 지목됐다.

아데나워는 당시 어떤 상황에서든 입법회의 의장이 돼야겠다고 단호하게 결심하지 않았다. 8월 31일 초등학교 교실에서 열린 당내 회의에서도 많은 후보가 거명됐었다.

입법회의는 아데나워의 기민당이 65석 가운데 27석, 사민당도 동수인 27석, 그리고 자민당이 5석 등으로 구성됐다. 아데나워의 기민당은 자민당 대표들과 타협을 했다. 사민당 의장선출을 봉쇄하기 위해서였다. 9월1일 아데나워는 입법회의 의장으로 공식 선출됐다.

아데나워는 기본법 기초를 위한 논의 과정에서 그의 오랜 경험을 십분 발휘해 솜씨 있는 중재로 회의를 엄격하게 이끌었다.

아데나워는 입법의원 가운데 유일하게 직책이 없었고 이는 그를 점령 3국 군정 사령관과의 직접적인 접근을 가능하게 해주는 데 큰 몫을 했다.

아데나워는 서방 점령국에 대해 잉태 과정에 있는 서독의 대변인 역할을 했다. 그는 이제 권력정치의 핵심 속에 서게 됐고 그의 이름은 라인을 넘어 전 독일로 알려졌다.

아데나워는 이론가도, 전문가도 아니었다. 아데나워는 헌법 문안 기초 작업 협의에서 문안의 세세한 부분보다는 차라리 합의를 찾는 데 주력해 각 정파에 조속한 협의를 독려했다. 그의 입장은 "고유 정부 없는 점령된 독일보다는 만족치 못한 헌법을 가진 것이 훨씬 더 낳다."는 것이었다.

아데나워는 헌법을 믿음의 문제가 아닌 정치적 문제 해결을 위한 장치로 보았다. 아데나워가 의장직을 맡고 있는 입법회의는 종결국면에 위기를 맞았다. 점령 연합국은 거의 완성된 헌법안을 거부하고 재정 제도를 규정하는 조항에서 연방주의 원칙이 고려돼야 할 것을 요구했다. 결국, 점령국 측이 양보를 했지만 이 과정에서 강경한 입장을 고수한 사민당과 다르게 타협을 모색했던 아데나워는 정치적 타격을 받았다.

본을 위한 결정

서독 수도가 라인 강의 한적한 소도시인 본으로 낙찰된 것은 일반인들에게도 예상 밖의 쿠테타 같은 결정이었다.

본은 인구 30만 정도의 라인 강 변에 위치하고 있는 "작은 마을"인데 연방 정부의 건물이 들어선 것 말고는 50년 전이나 지금이나 별 차이가 없는 촌색시 같은 조용한 도시이다. 그 작은 도시에서 시작된 전후 독일 정치는 독일 통일이라는 역사적 과업을 완수했다.

본을 위한 결정은 전적으로 아데나워라는 개인의 영향력에서 이뤄졌다. 아데나워는 입법회의 의장이라는 직책을 십분 활용했다. 입법회의의 최종 결정은 아데나워가 또다시 정치적 전략의 거장임을 보여주는 것이었다.

우여곡절 속에 서독 연방 정부의 임시 수도로 본이 결정된 것은 아데나워가 궁극적으로 라인에 정치 메트로폴을 세우는 법적인 장치가 된 것이었다. 아데나워의 수도 본 전략에는 본을 "임시"로 한다는 단어 선택에서도 특징적이었다.

입법회의가 기초한 헌법도 잠정적인 성격의 헌법이었다. 애초 서독 수도의 0순위 후보지는 프랑크푸르트였다. 전통과 자유로운 분위기의 프랑크푸르트에는 이미 점령국 행정부가 있었고, 도시의 규모나 교통 편의를 볼 때 본과는 상대가 되지 않았다. 이밖에 슈트트가르트, 카셀 등도 후보 도시로 거명됐다.

아데나워는 인맥과 당내 정치적 영향력으로 강력한 수도 후보인 프랑크푸르트를 밀어내려고 했다. 아데나워는 영국에 수도 본의 입장을 강화하기 위해 외교정책의 계획을 설명했다. 베를린에 있는 미국 대사 머피에게도 본이 수도가 돼야 한다는 타당성을 적극적으로 알렸다.

수도 최종 선택 당일에도 프랑크푸르트는 거의 확정적이었다. 사민당 의원들뿐 아니라 기민당 내의 많은 헤센 출신의원들이 프랑크푸르트를 지지하고 있었기 때문이다. 그 순간 아데나워는 당 동료들에게 긴급하게 들어온 통신 보도문을 돌렸다. 그 내용인즉 사민당이 이미 투표 승리를 축하하면서 이 승리를 통해 기민당에 정치적인 타격을 가할 것을 고려하고 있다는 것이었다. 기민당 내 프랑크푸르트 지지자들은 당에 충성해야 한다는 의무감을 느꼈고 급기야 본에 투표했다.

그러나 뒤에 알려진 사실이지만 통신 보도문은 아데나워 이외에 누구도 보지 못했다. 막판 뒤집기를 위한 아데나워의 정치적 음모가 승리를 거둔 것이었다.

아데나워는 입법회의 의장 자격으로 1948년 5월 23일 기본법을 선포한다. 바이에른 주를 제외하고 모든 주들이 이 법에 동의했다.

기본법은 권력 문제와 관련해 두 가지 중요한 내용을 담고 있다. 첫째는 수상의 입지를 강화하는 것으로 수상은 대통령과 독립적이고, 의회는 건설적인 불신임 투표를 통해 후임자를 선출할 경우에만 수상을 해임할 수 있다는 것이 그것이다. 이는 바이마르 시대처럼 불안정한 정치상황이 초래되는 것을 방지하려는 서독 정치인들의 의지의 합의에서 나왔다. 또한, 의회해산을 어렵게 만들어 정치 안정을 도모했다. 이것이 수상의 권한을 강화하는 독일의 독특한 권력제도인 재상 민주주의라는 것이다.

이로써 서독의 국가 건설을 위한 결정적인 조치가 드디어 이뤄졌다. 서독이 고고의 성을 내며 탄생하는 순간이었다.

아데나워의 본 선택은 운명적인 선택이었다. 아데나워는 이미 反프러시아의 관점에서 베를린이 독일 수도가 되어서는 안 된다는 것을 밝혔었다. 드디어 그는 자신이 평소 꿈꾸어온 라인 독립공화국을 세우지 못했을망정 라인에 서독 정치의 중심을 건설하는 데 성공적으로 목표를 달성했다.

1949년 연방의회 선거

연방의회 선거는 신생 국가의 선거가 그렇듯이 각 정파의 난립의 극치를 이뤘다. 16개 정당에 70명의 무소속 후보가 경쟁에 나섰다.

첫 번째 연방의회 선거에서 최대 선거 쟁점은 경제정책이었다. 사회적 시장경제와 계획경제의 대결구도로 선거전은 전개됐다. 또한, 서방과의 결속 문제도 뜨거운 쟁점이었다.

오늘날에야 사회적 시장경제와 서구와의 결속을 당연시하지만 당시만 해도 그것은 아데나워에게 정치적 생명을 거는 일대 모험이었다. 일반적인 관측은 영국군 점령 지역의 지원을 받고 있는 사민당이 승리할 것이라는 것이었다.

그러나 1949년 8월 14일 선거에서 기민·기사연맹이 근소한 차로 승리를 거두었다. 득표율은 31%. 기민당의 승리 뒤에는 카톨릭과 산업계의 지지가 컸다. 사민당은 29.2%, 자민당은 11.9%를 각각 얻었다.

17년 만에 처음으로 치러진 자유 선거에서 기타는 군소 정당들이 차지해 어느 정당도 과반수를 확보하지 못했다. 따라서 선거 직후 바로 정부 구성이 결정될 수 없었으며, 연립 정부 구성 문제가 자연스럽게 초점이 되었다.

11개 주의 주지사들과 점령 서방 당국은 각 정파가 모두 참여하는 대연정을 지지했다. 기민·기사연맹의 많은 정치인들도 히틀러 제국과 전쟁이 남긴 가공할 부담을 함께 짊어지고 나가기 위해선 대연정이 필요하다는 생각이었다. 사민당은 경제장관 몫이 배당될 때 대연정에 응할 뜻임을 비쳤다. 허나 아데나워의 생각은 달랐다.

경제장관 자리를 사민당에 양보한다면 사회적 시장경제를 공약으로 내걸었던 국민들에 대한 선거 공약이 위반된다는 것이었다. 여기에다가 신생 서독은 계획경제 내지 사회주의경제 처방으로는 산적한 문제를 극복해 낼 수 없다는 게 아데나워의 신념이었다.

그러나 아데나워는 선거 수주일 전부터 절대다수를 차지하지 못할 것이라는 판단 아래 자민당 관계자들과 개인적인 접촉을 가져왔다.

아데나워는 어떤 경우든지 대연정이 아닌 시민 정당과 좌파 야당의 양당 구도로 의회를 이끌어 나간다는 복안이었다. 우파 시민 정당인 자민당과의 제휴는 아데나워가 자신의 외교정책을 의회에서 동의받는데 다수의 역할을 해 주었다.

아데나워가 사민당과의 연정 거부에는 나름대로의 전략적이고 감정적인 이유가 있었다. 당시만 해도 지명도에서 아데나워를 압도하는 쿠르트 슈마허가 당수인 사민당과의 연정은 수상으로서 자신의 입지를 약화시켜 대외, 경제정책 수행에 차질을 가져올 것을 염려했기 때문이다. 슈마허 역시 "사민당의 사회 경제적 요구를 충족시켜 주지 않는 한 연정 참여는 고려 대상이 아니다."라는 입장에 변함이 없었다.

아데나워는 입증된 사회주의 반대자였다. 아데나워의 새 정부 구성과 관련한 당시 풍경을 한 토막 스케치해 본다.

1949년 8월 21일. 연방의회 선거를 마친 후 첫 번째 일요일이었다. 기민당의 당 간부들이 새 내각의 구성을 협의하기 위해 아데나워의 자택으로 모였다.

집주인 아데나워는 밝은 색 바지에 자켓도 없이 흰색 와이셔츠 차림으로 손님들을 맞았다. 그는 아무리 보아도 노인이라고 할 수 없었다. 74세의 고령임에도 불구하고 그는 놀라울 정도로 정력적이고 활달했다. 간단한 인사를 주고받은 뒤 아데나워가 입을 열었다.

"우리의 비밀이 가능한 한 적게 탐지되도록 하기 위해 제 집을 회의장으로 선택했습니다. 자 이제 본론으로 들어가시죠. 여기에 계신 분들의 대부분이 사민당과 연정을 생각하고 계신 모양인데 나는 그것이 잘못이라고 봅니다. 상당한 사람들이 견해를 달리하는 것으로 알고 있습니다. 그러나 선거 결과는 독일 국민들 대다수가 사회주의에 전혀 관심이 없다는 것을 보여주었습니다."

아데나워의 말은 결코 달변이 아니었다. 그러나 그가 말하는 내용은 듣는 사람들에게 설득력 있고 간단명료하게 전달되었다.

아데나워는 제대로 된 민주주의는 강력한 야당을 필요로 한다는 점을 강조했다.

"우리가 사민당과 연정을 하면 야당이 너무 빈약해질 것입니다. 그렇게 되면 정치가 국수적으로 흐르고 야당은 의회 밖으로 뛰쳐 나갈 수도 있을 것입니다. 하지만 사민당이 야당이 되면 그럴 위

▲ 자택에서 책 읽는 아데나워

험이 없습니다. 이런 이유로 나는 자민당과 독일당과의 연정을 찬성합니다."

아데나워의 주장에 동조하는 박수 소리는 그다지 크지 않았다.

다음으로 라인란트 팔츠 주지사인 페터 알트마이어가 대연정을 옹호하는 발언을 했다.

"국민들 사이에는 격심한 곤궁으로 인해 앞으로 오랫동안 불만이 가라앉지 않을 것입니다. 이들은 야당을 지지하며 사민당으로 전향할 것이고, 그렇게 되면 사민당이 다음 선거에서 압승할 가능성이 높아집니다." 알트마이어의 대연정 옹호론은 아데나워보다도 박수를 더 받았다.

그러나 아데나워는 역시 노회한 정치가였다.

"이보소 알트마이어 주지사, 당신은 유권자의 의지가 이미 대연정에 반대하는 결과로 나타난 것을 벌써 잊었군요. 결정을 내려야 할 사람은 우리가 아니라 바로 유권자라는 사실을 잊고 있군요. 게다가 대연정을 받아들이면 우리는 연방 수상직을 가지고 파트너는 그 대신 재무장관직을 요구할 것이오. 그들이 사회주의적인 계획경제를 주장하는 뇔팅을 재무장관으로 추천할 게 뻔하지 않소. 그렇게 되면 어떤 결과가 야기될지 생각이나 해 보았소."

결국, 아데나워의 주장은 관철되었다. 아데나워는 앞으로 4년 뒤면 야당이 대부분 국민들에게 한낱 불평분자 집단으로 보일 정도의 경제 부흥을 반드시 이룰 수 있다고 장담했다.

* * *

  아데나워는 이제 당내 대연정 지지그룹인 프란츠 요셉 슈트라우스 등 주요 인사들의 저항을 극복하는 것이 문제였다. 또다시 아데나워의 정치적 역량이 발휘되는 순간이었다.
  의회 선거 일주일을 남겨 둔 어느 날, 아데나워는 25명의 당내 주요인사를 뢴도르프 자택으로 초대했다. 그 전날 밤 아데나워는 이미 프랑크푸르트에서 바이에른 주지사 에어하르트를 만나 지지를 다짐받아 놨으며, 뢴도르프 회담은 아데나워가 계획적으로 만든 모임이었다. 밥 한 그릇 먹자는 게 초대의 외형적 형식이었다. 이날 구두쇠 살림을 하기로 소문난 아데나워는 초대 손님들을 위해 근사한 포도주에 정말 맛깔나는 한 상을 차렸다.
  자신이 계획하고 있는 정치적 전략을 분명하게 하기 위해 분위기를 부드럽게 하는 것이 필요했다. 아데나워는 자신이 마음을 돌릴 수 있다고 생각하는 당내 인사를 대상으로 포섭의 시간을 가진 것이었다.
  초대 손님들 가운데 2~3명은 이미 아데나워가 수상 자리를 차지하려는 거사를 꾸미고 있다는 것을 알고 있었다.
  아데나워는 자신이 대연정에 반대하는 이유를 조목조목 길게 손님들에게 설명했다. 그러자 에어하르트는 한술 더 떠 유권자들이 사회적 시장경제에 투표해 주었는데 이는 사민당과의 연정으로는 실현될 수 없다고 열변을 토했다.

이날 참석자들 사이에 여러 의견이 나왔지만, 연정 문제는 일단락 입장 정리가 됐다. 아데나워의 식사 초대 전략이 성공을 거둔 것이다. 이어서 연방 대통령과 수상직 문제가 나왔는데 그날의 풍경을 아데나워는 자서전에서 이렇게 쓰고 있다. 아데나워의 이야기는 마치 코미디처럼 들린다.

「참석자 가운데 한 양반이 나를 수상으로 제안하는 데 놀랐다. 나는 좌중의 얼굴들을 둘러보았다. "모든 이들의 의견이 그렇다면 수상직 제의를 수락하겠습니다. 제 주치의인 마르트니 교수에게 내가 수상직을 최소한 1년이라도 해낼 수 있을까 라고 물었더니 그가 염려 없다고 했다. 마르트니 교수는 2년도 할 수 있다고 이야기했다. 아무도 이의가 없는 것이죠. 그럼 이 문제 협의됐습니다."」

유머가 넘치는 내숭 떠는 아데나워의 모습이 그림처럼 연상된다. 아데나워는 그만큼 뛰어난 지략가였다.

아데나워는 초대 연방 대통령으로 자민당의 테오도르 호이스를 추천했다. 테오도르 호이스 대통령에 대한 회고록의 내용도 해학이 넘친다.

「누군가 그를 대통령으로 하는 데 반대하는 주장을 폈는데 그 이유는 알다시피 그가 교회에 우호적이지 않다는 점을 들었다. "나 아데나워도 반대합니다. 허나 그는 매우 독실한 기독교 신자를 아내로 두고 있으니 그거면 충분한 것 아닙니까?"」

륀도르프의 밤은 무르익었고, 분위기도 최고였다.

그날 뢴도르프 모임에는 기민당 의원의 3분의 1인 25명이 참석했다. 아데나워가 권력을 장악하기 위한 세를 확보하는데 충분한 숫자였다. 뢴도르프의 밤에 서독 초대 권력 수반이 결정되는 순간이었다.

그 사이 아데나워는 당내 일인자가 되었고, 그 누구도 그의 영역을 넘볼 수 없게 되었다. 아데나워는 이틀 뒤 뢴도르프 결정을 언론에 회견 형식으로 알렸다. 공식적인 절차 이전에 기정사실화 하기 위해서 였다.

아데나워는 뢴도르프 회담을 자신의 정치생활에서 가장 중요한 업적으로 명명하고 있다. 뢴도르프는 향후 아데나워에게 펼쳐질 정치를 규정했기 때문이었다.

1949년 9월 15일, 독일 분데스탁은 아데나워를 초대 서독 수상으로 선출했다. 그는 기민·자민 그룹에서 202표를 얻었다. 국회의원 총수는 402명이었다. 아데나워는 한 표 차이로 간신히 사민당의 슈마허를 이겼다. 그 표가 바로 자기 자신의 표였다. 자기 이름에 투표한 것이다.

회고록은 기록하고 있다.

「사람들이 훗날 묻곤 했다. 내가 내 자신을 투표했는지에 대해서. 그래서 나는 대답했다. "당연하지요, 그렇지 않으면 나는 위선자로 여겨지는 거 아닙니까?"」

아데나워는 수상을 원했고, 아데나워는 이를 위해 조직적으로 노력했다.

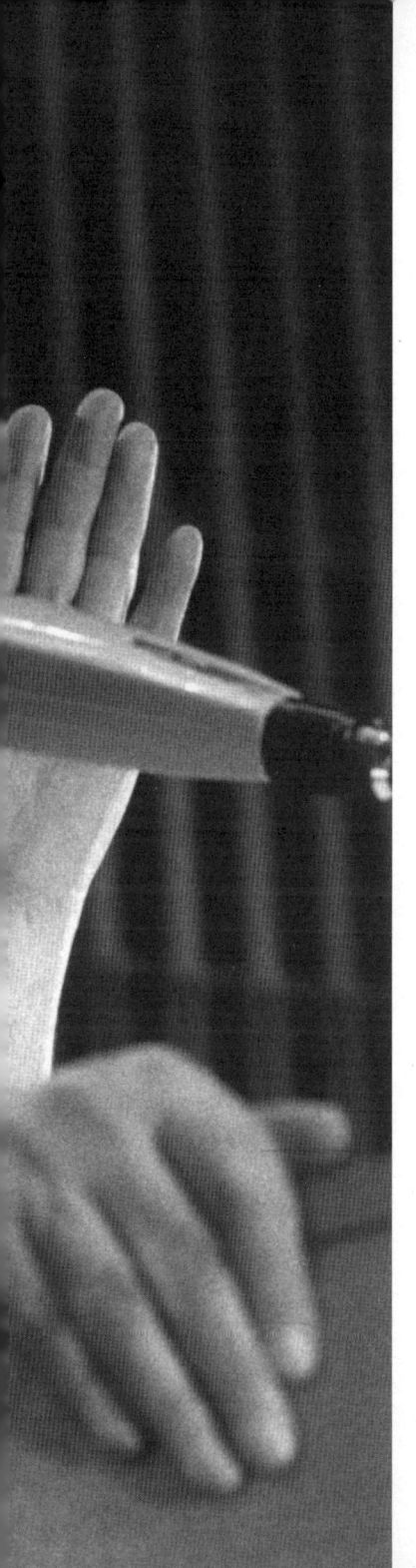

chapter 6

단순·설득의 정치학

엄격한 시간 관리 |
간단명료한 업무 스타일 |
초인적으로 국사를 돌보다 |
신부는 신부이다

단순·설득의
정치학

■
■
■

아데나워 권력의 원천은 퍼스낼리티라고 할 수 있다. 권력의 근원에 접근하는 방법으로 갈브레이드는 퍼스낼리티와 재산 그리고 조직을 들고 있다. 이 세 가지 요인들은 거의 언제나 결합된 형태로 나타난다는 것이다.

아데나워의 리더십은 아데나워의 퍼스낼리티의 종합적 행사이다. 무릇 지도자들을 관찰하는데 그들의 독특한 생활 습관부터 업무 스타일, 종교 등이 중요한 요소로 작용하고 있지만, 아데나워에게만큼 명확한 잣대가 되는 경우도 드물다.

그의 권력의 내면적 색채를 뜯어보면 특징적인 면을 발견할 수 있는데 그게 단순화의 미학이다. 그는 복잡한 사안을 쾌도난마식으로 정리해 사태의 본질을 즉시 꿰뚫어 보는 탁월한 능력을 갖고 있었으며, 업무 스타일 면에서도 일목 요원한 것을 좋아했다. 복잡한 것은 그의 관심사가 아니었다.

단순화의 정치는 아데나워가 독일 문제를 요리하는 시각에 그대로 드러나 적과 동지의 입장을 분명히 하는 외교정책을 구사했다. 그의 이분법은 냉전 시대의 생존방식으로 안전한 선택이었다.

엄격한 시간 관리

아데나워의 업무 스타일은 그의 시간 관리를 보면 그대로 드러난다. 그는 시간을 허투루 쓰는 법이 없었다. 질서 있고 정돈된 아데나워의 삶은 바로 아데나워의 성공비결 가운데 하나였다.

아데나워는 시간을 두부 자르듯이 정확하게 나눠서 사용했다. 그 점에서 그는 정평이 나 있는 독일인들의 시테크의 전형이라 할 수 있다.

아침 5시면 기상해서 7시 전에 공보처에서 만들어 뢴도르프로 보낸 신문을 읽는다. 뢴도르프 자택에서 신선한 아침 공기를 가르고 라인 강을 건너 수상실에 도착하는 시간이 9시 30분쯤이다. 이미 아데나워의 책상에는 수많은 서류 더미가 쌓여 있다.

외국 국가원수와 회담 자료에서부터 시작해 국내 정치인, 언론인 그리고 세계 각국의 독일공관으로부터의 보고 사항 거기다가 각종 단체에서 올라온 민원사항 등. 아데나워는 대각선 독서로 그 많은 서류를 최소 시간에 검토한다.

아데나워의 중요한 일과 중의 하나는 오침인데 점심을 한 뒤 수상실인 샤움부르크에서 낮잠을 즐겼다. 그리고 30분 정도 반드시 수상실 내 산책길에 나선다. 산책길에서도 중요한 문제 협의를 위해 비서 한스 글로브케가 동반했다.

아데나워는 밤 8시경, 어느 때는 그보다 늦게 집무실을 나선다. 그때도 그냥 빈손으로 나서는 것이 아니라 그날 시간이 없어 미처 챙겨 보지 못한 서류 가방을 들고 륀도르프 자택으로 돌아갔다.

다음 날 아침 그는 서류에 대한 지시 사항을 메모해 갖고 나왔다. 아데나워는 그런 촘촘한 일정을 마치고 밤 10시에서 12시 무렵 잠자리에 들었다.

그는 믿어지지 않을 정도로 부지런했다. 엄청난 업무량이 요구되는 수상 재임 시기를 아데나워는 천재적인 노동경제학으로 극복했다.

아데나워는 매일매일 꽉 찬 일정 속에 갇혀 있음에도 불구하고 협상파트나 직원들에게 서두르고 조급해하는 인상을 좀체 드러내지 않았다.

아데나워는 강철같은 타고난 건강 체질은 아니었다. 그는 과중한 업무 부담을 이겨내기 위해 언제나 육체적 상태를 최상으로 유지하려 노력했을 뿐이다.

언제나 그를 진찰한 의사가 아데나워는 말 같은 심장을 소유하고 있다고 했지만, 그는 당뇨병으로 고생도 했으며 1917년 시장 선거를 앞두고는 교통사고로 머리를 다쳐 가끔 두통도 앓았다.

간단명료한 업무 스타일

　아데나워는 통계 숫자를 좋아했다. 그게 국내 정치든 대외 관계 사안이든 마찬가지였다. 특히 국회 등지의 연설에서 통계 인용을 즐겼다. 통계는 설득력 있게 영향을 미친다는 게 그의 생각이었다. 몇 년까지 주택 몇 채를 공급하고, 절약 가능한 액수 등등.
　언어의 객관성과 숫자의 정확함을 아데나워는 신봉했다. 구체적인 숫자와 사실은 사고와 주장을 펼쳐 나가기 위해 아데나워가 애용했던 출구였다. 아데나워는 또 객관적 정보를 중시했다. 특히 그는 오리지널 자료를 찾았다.
　가능한 직접적으로 설명하는 방식을 요구했고, 비서들이 정리해 주는 신문 기사에서도 읽을 것과 안 읽을 것을 자신이 스스로 선택했다. 그는 공보팀이 의미 없는 것으로 1차적인 주석을 단 자료들도 면밀히 읽었다. 그는 여론의 동향을 직접 느끼기를 좋아했다.
　아데나워는 관료주의의 안경을 통해 걸러지지 않은 것에 주시했다. 관료주의라는 단어는 언제나 그에게 알레르기를 유발했다. 관료주의적 사고에 대해 깊은 불신감을 갖고 있었다.
　그는 독창성을 평가했다. 그는 과장과 분식粉飾을 혐오했다. 그는 철학적 적확함으로 사안을 보았다.
　아데나워의 언어는 심플했다. 그는 간결한 독일어에 분명한 사고 전개를 요구했다. 참모들이 결재 서류를 들고 오면 "이보게 임자, 보고 내용이 뭔지 짧고 분명하게 이야기하게"라는 말을 자주

했다. 그리고 참모들이 서류 결재를 올리면 즉각 약점과 결점을 발견해 서류 가장자리에 정확하게 하라는 지시 사항을 지적했다.

간단명료는 그의 업무 스타일을 설명하는 키워드이다. 아데나워는 문제 핵심을 신속하게 파악하고, 복잡다난한 사안을 단순명료화시키고 해결이 가능한 문제에 집중하는 탁월한 능력의 소유자였다.

서류 더미와 정보의 홍수 속에서 사실을 파악하여 쉽고도 빠른 결정을 내렸다. 이 같은 능력은 어릴 때부터 엄격하고 절도 있게 교육받아 온 데서 체득된 것이었다.

그의 세계관은 단순해 의문을 제기하는 경우가 드물었다. 그런 측면에서 아데나워는 지식인은 아니었다. 그의 연설문, 편지, 회고록 등에 나타난 글은 건조하기 짝이 없고, 맛깔이 없다. 그가 남긴 4권의 회고록은 악문으로 소문이 나 있을 정도다. 그는 20세기의 지성사적 토론에 대해서도 흥미가 없었다.

독서의 목록을 봐도 아데나워는 사르트르와 제임스 조이스보다는 콘라드의 소설과 아가타 크리스티의 추리소설에 더 매료됐다.

학생시절부터 가져온 그림 수집에서도 그는 16, 17세기의 네델란드 화가의 것을 좋아했다. 그리고 음악이 휴식을 채웠다. 하이든을 특히 좋아했고 베토벤과 모차르트도 즐겨 들었다. 당대의 음악은 관심이 없었다.

정신사적으로 보면 아데나워는 19세기를 대표하는 독일 교양 시민의 범례에 든다고 규정할 수 있다. 그래서 학자들은 그의 세계관을 "축소된 지성"으로 규정한다.

아데나워가 정치가로서 복잡한 사안을 단순화하는 귀재였지만 이는 이것 아니면 저것을 선택하는 세계관을 드러내 보이는 것이었다. 선악, 흑백의 도식이었다. 당대 많은 사람들처럼 아데나워에게도 거스를 수 없는 선택이었지만 이는 그를 과소평가하게 하는 요소로 작용하고 있다.

그의 업무 스타일에서 돋보이는 대목은 철저한 준비이다. 대외정책에서나 세세한 일상사에서나 그랬다. 그는 연설을 준비하는 데 정열을 쏟지만, 거기에 얽매이지 않고 언제나 자유롭게 즉석에서 말했다. 그는 기본과 근본적인 것에 확고한 원칙을 두고 방법에 융통성을 보이는 쪽을 택했다.

아데나워의 업무 스타일 가운데 또 다른 측면은 그의 부단한 사람과의 접촉이다. 그는 사람과의 접촉에 큰 가치를 두었고 온 힘을 쏟았다. 협상에 임하기 전에 파트너를 철저히 연구하고, 사람의 약점을 이용할 줄 알았으며 그걸 사전에 계산할 줄 아는 정치가였다.

수 시간 동안 집중적으로 협상하고, 토론하고, 서류를 읽어 내는 능력은 엄격한 노동 리듬에서 기인한 것이다. 그는 개인 생활에서 정치적 일들을 제어하기 위해 신속하고도 짧은 시간 안에 긴장을 푸는 방법을 배웠다. 그는 선거 철에 하루에 5차례 장소를 이동해 가며 연설회를 갖는 초인적인 능력을 보였다.

아데나워는 오랜 경험으로 터득한 노련미 덕택에 자신이 하고자 하는 것을 알았고 이리저리 흔들리지 않았다. 여기에다가 강력한 의지와 에너지로 업무실행에 힘을 싣는 게 아데나워의 업무전략이었다. 아데나워 재임 후반기에 그의 비서였던 안네리제 포핑가는 아데나워 권력의 원천을 사람을 설득시키는 능력으로 분석했다.

"자기주장의 방향에 대해 사람을 설득하는 능력이 아데나워의 권력과 관련해 가장 중요한 요소로 보였다."

포핑가 여비서가 들려주는 아데나워의 인간적 자상함에 관한 한 일화가 있다.

「아데나워는 수상실의 직원들을 익명의 다수로 대하는 것이 아니라 개개인에 대해 각별한 관심을 갖고 그들의 걱정과 기쁨을 함께 나눴다. 그래서 크리스마스 때는 모든 직원들에게 줄 선물이 준비됐다. 거기에는 수상실 차관인 글로브케를 비롯해 참모들, 운전사, 경호실 요원들, 청소부 아줌마, 정원사 등 모두가 포함됐다. 직원들은 자기가 희망하는 선물의 종류를 아데나워에게 이야기해야 했다.」

나는 그 당시 아데나워 수상 첫 부인의 동생이었던, 즉 처남이 쓴 자서전을 적었는데 아데나워가 직접 책에 서명까지 해주어 무척 기뻤다고 포핑가는 회고한다.

초인적으로 국사를 돌보다

아데나워가 집권 초기 보여준 업무수행 능력은 가히 초인적이라고 할 수 있다. 그것은 목표 성취를 위한 인내와 끈기요, 국가 목표를 위해 자신의 삶을 내던진 희생자적인 모습이다.

아데나워는 애국주의적 정열로 가득 차 있었다. 독일 주권 회복을 위한 연합국 측과의 회담은 여러 군데서 동시에 진행됐다.

아데나워는 측근 참모들, 내각, 당과 수 없는 토론을 한 뒤 연합국 측과 몇 날이고 협상을 계속했다. 막판 회담에는 휴식 없이 무려 17시간이나 회담이 지속됐다. 마라톤이었다.

아데나워의 지론이 있다.

"정치에서 성공하기 위해선 남들보다 회담석에 오래 앉아 있는 능력이 있어야 한다." 페테스부르크에서 수차례의 회담에 대좌했던 미국 고등판무관 맥클로이는 "밤이 이슥하도록 했던 회담은 예사였고, 어느 때인가는 회담이 끝나지도 않았는데 라인 강 너머로 이미 동이 터 오고 있었다. 회담 참석자 대부분은 지쳐 파김치가 됐는데도 아데나워는 생생하게 의자에 앉아 있었다."고 회상했다.

그는 당시 직책이 수상 뿐 아니라 외무, 국방장관의 일을 겸직하고 있었다. 1955년까지 겸직이었는데 그렇다면 내각 업무의 근 70% 가량을 아데나워가 맡았다는 계산이다. 엄청난 업무량이었다. 아데나워의 최전성기였고 그의 업무능력이 최고로 빛을 발할 때였다. 그러나 아데나워는 젊은 시절부터 자신이 목표한 일을 부단하고 강력하게 추진하는 것을 미덕으로 여겨 왔다.

어느 누구도 아데나워 정도의 연배가 그렇게 지칠 줄 모르게 일할 수 있다는 것을 상상하기가 어려울 것이다. 그는 안경도 착용하지 않았으며, 손 떨림 증세도 없었다. 아데나워는 알부민 같은 종류의 회춘제도 복용하지 않았다. 그의 주치의는 그가 말 심장 내지 젊은이의 심장을 가졌다고 이야기했다.

아데나워의 인내력은 선거 운동에서 그 절정을 보여주었다. 몇 달이고 지속되는 강행군에 유권자들도 놀랄 정도였다.

그는 건강 관리에 철저했다. 아침 일찍 일어나고, 적절한 식사와 음주, 거기에다가 질서를 유지했다.

그는 자기 극기력이 대단했다.

"네 옆으로 총탄이 터진다 하더라도 너는 일하는 자리에 있어야 한다."고 그의 아버지는 아데나워에게 가르쳤다.

그는 감정과 분노를 숨길 줄 알았고, 수주일이고 참고 견디다가 궁극적으로 필요할 때 삭였다. 그는 자신의 불신조차도 통제해 그걸 자기 신뢰화했다. 그는 타인과 타인의 것에 완전히 몰입했다가 귀가 후에는 음악과 그림으로 긴장을 푸는 자신만의 독특한 자기 억제법이 있었다.

그는 촌음의 시간도 낭비하지 않았다. 그는 막중한 업무 압박 속에서도 절대 허둥대는 법이 없었고 오히려 그의 침착함과 판단력은 상대방에 강한 인상을 심어 주었다.

에너지를 끌어모으면서 자기 정복을 할 수 있는 양면적인 특성은 그의 성취에 밑거름이 되었다.

그의 정치가로서 감수성이 풍부한 편은 아니었다. 그러나 감정과 자기 언어를 억제하는 편이었기에 그의 연설문에는 위엄이 있었다.

아데나워의 외교적 성취에는 친구들의 도움을 빼놓을 수 없다. 아데나워는 지혜로움과 더불어 신뢰와 믿음으로 국내외 많은 영향력 있는 정치인들과 교분을 나눴고 이들로부터 협조를 받았다. 아데나워처럼 각국의 외무장관과 정부 수반들과 숱한 서신 연락을 가진 지도자도 드물다.

업무 조정에 공을 들였고, 세심하게 신경을 썼으며 정례 회담에 가치를 두었다. 미국의 덜레스, 프랑스의 드골 수상 등 숱한 지도자들과 정치적 교분은 아데나워 개인에게뿐 아니라 독일 국민 전체에 크나큰 행운이었다.

아데나워가 미국, 영국, 프랑스, 그리고 유태인 등으로부터 확보한 신뢰와 존경이 없었다면 그의 장기적인 수상 재임은 성공적이지 못했을 것이고, 독일이 점차적으로 국제사회에서 인정받지도 못했을 것이다.

또한, 그렇게 난제들이 쌓인 난국을 헤쳐나가지도 못했을 것이다. 많은 우호적인 외국 정부의 지지와 핵무기 포기 결정이 있은 뒤 결정적인 순간이 도래했다.

독일 정부는 주권을 회복했고, 이어 1955년 5월 5일 나토에 가입했다. 서독 국기가 본의 수상실 앞에 펄럭이게 되었다.

신부는 신부이다

아데나워는 카톨릭 신자였다. 믿음의 문제는 아데나워에게 의심할 여지가 없는 문제였다. 아버지와 자신이 성장한 라인 지방의 종교인 카톨릭은 그의 생의 자연스런 부분이 되었다.

아데나워는 노령의 나이까지도 일요 미사에 정기적으로 참석하는 독실한 천주교 신자였다. 아데나워의 종교관에 대해서는 그의 후반기 측근이었던 호르스트 오스터펠드가 전하는 이야기가 널리 알려져 있다.

임종 무렵의 이야기이다.

「1967년 4월 아데나워의 죽음이 임박했을 때 아데나워도 그걸 알고 있었다. 아데나워는 곧 자식, 손자들과 영원한 이별을 해야 한다는 것을 알고 있었다.

아데나워의 가족들은 그의 침대 곁으로 다가와 아데나워의 손을 잡고 입맞춤을 하며 눈물을 흘렸다.

아데나워는 침대 위에 걸려있는 하느님 아버지가 십자가에 아들을 안고 있는 그림을 가리키며 나직이 말문을 열었다.

"눈물을 흘릴 이유가 없다."」

또 다른 일화가 있다.

「미국의 유명한 목사인 빌리 그래함 목사와의 만남에서 아데나워는 신학에 대한 회의적인 자세를 보였다. 그러자 그래함 목사는 부활에 대해 의심의 여지 없음을 보였고 이에 아데나워는 의미심장한 웃음을 지으며 이같이 대답했다.

"나는 인간을 신으로 인도하는 모든 것에 기뻐한다. 그러나 나를 나쁘게 말하지 말라. 내가 보기에 당신이 당신의 믿음 속에서 안전을 느끼듯이 나 역시 내가 천주교 신자라는 점이 즐거우니라."」

아데나워는 공식적으로 천주교회와 신부에 대한 비판이 강했다. 그는 카톨릭이 속세 일에 개입을 시도할 때 정치적으로 엄격하게 분리선을 그었다. 그에게서 교회는 단순한 믿음의 장소로서의 교회였다.

종교가 국가, 사회적으로 중요한 시점에 지대한 영향력을 행사하고 정치인들은 종교를 자신의 주요한 득표원으로 여겨 상호 불편하지 않은 관계를 지속시키려는 관점에서 보면 아데나워의 종교관은 본질적이다.

그럼에도 천주교는 중요한 고비마다 아데나워에게 정말 의지처이자 원군으로의 역할을 톡톡히 했다. 아데나워는 생의 어려운 순간이나 박해를 받았을 때 천주교의 보호를 받았다. 그는 나치에 쫓겨나 관직을 박탈당하고 고향을 잃었을 때 친구가 원장으로 있는 쾰른 근처에 있는 마리아 라흐 수도원에서 1년을 보냈다.

당시 수도원장인 헤르베겐은 아데나워가 '야! 자!' 말을 놓는 몇 안 되는 친구 중 한 사람이다. 교회는 이 무렵 아데나워 생의 외벽이었다.

1945년 독일의 패망은 독일 내 종교적 분포도의 판도를 변화시켰다. 동쪽에서 프러시아의 몰락으로 개신교가 타격을 받으면서 정치적 중심이 카톨릭의 라인 지방으로 이동했다. 물론 카톨릭 국가가 창설된 것은 아니었지만 카톨릭의 인구점유율이 결정적으로 늘었다.

아데나워는 개신교보다 천주교에서 더 강한 지지를 받았다. 기민당의 성공은 기민당과 천주교의 협력에 기인한 점이 크다. 1969년까지 연방의회 선거 때 카톨릭에서 기민당을 지지하도록 내부적으로 권유한 주교의 서신이 있었다는 소문이 있었으니 말이다.

1949년 카톨릭 주교들은 이미 "사회주의적, 자유주의적 세계관을 가진 의원들은 서구 기독교적 요구에 이해를 보이지 않는다."고 선언했으며 이 같은 입장은 아데나워 시대 내내 유효했다. 여기다 아데나워의 정치적 구상인 유럽국가에서도 카톨릭이 보다 넓은 공감대를 형성했다.

유럽공동체의 핵심국가들, 프랑스와 이탈리아 등이 모두 카톨릭 국가들이었다. 물론 아데나워의 서구지향을 비판하는 카톨릭 내 인사들과 〈프랑크푸르트 헤프트〉의 발행인 오이겐 코겐 등이 있었지만, 그들은 제한된 소수였다.

chapter 7

외교 정치가로서의 아데나워

아네나워 정치 이데올로기 | 외교 우선주의 |
외교관들 | 페테스부르크 협정을 체결하다 |
독일의 재무장 | 제네바 정치협상 |
서독은 핵무기를 가져야 한다

―
외교 정치가로서의
아데나워
―

■
■
■

아데나워의 집권 초반 4년은 아데나워 재임 기간 중 가장 중대한 의미의 기간이었다. 중대하다는 의미는 서독이 처한 국가적 어려움이자, 아데나워가 극복해야 할 난제가 많다는 것을 의미한다.

아데나워의 전도에는 희망과 좌절이라는 두 요소가 모두 내재돼 있었다. 당시 독일이 처한 어려운 상황은 별도의 기술이 없어도 익히 아는 바와 같다.

그 가운데 특히 전쟁으로 수백만이 죽어 독일 재건에 필요한 중간세대가 완전히 동강 나 버렸다.

나치독재는 민주적, 인본주의적 전통은 물론 문화와 학문에 치명적인 손상을 가했다. 저명한 학자, 예술가, 지식인 그리고 민주적 지도자들은 추방되거나, 살해되고, 그렇지 않으면 12년간 침묵형을 받고 살았다.

유럽을 두 번이나 지배하려고 했던 독일의 전쟁시도로 독일의 발전은 거의 종착역에 와 있는 재앙적 상황이었다. 이런 외상, 내상 속에 아데나워에게 희망적 여건을 찾아보면 그는 몇 가지 점에서 전후 다른 정치가들에 비해 출발 여건이 좋았다.

이미 아데나워는 70세의 나이로 행정가로서 영광을 누려 봤다. 이 점은 그를 무모한 공명심과 욕망에서 해방시켰다. 재정적인 측면에서도 쾰른 시장으로서 연금을 받고 있기에 가족을 위해 특별히 생활비 걱정을 하지 않아도 됐다.

이런 두 가지 여건이 자유로웠기에 그는 목표에 집중할 수 있는 직업 정치가로서 전력투구를 할 수 있었다.

아데나워의 정치 이데올로기

아데나워의 정치 이데올로기는 카톨릭 보수주의와 프러시아 권위주의의 혼합이라고 요약할 수 있다. 프러시아의 성향은 아이러니컬한 점이 없지 않다.

아데나워는 누구보다도 프러시아를 혐오했다. 그러면서도 프러시아와 연관돼 있는 덕목들을 인정했다. 그의 가정교육이나 행동양태는 더없는 프러시아적인 전형이다.

가장 중요한 것은 독일인들은 외교정책의 영역에서 이성적 결정을 내리는데 너무 미숙하다는게 아데나워의 판단이었고 그래서 외교정책은 자기 자신이 움켜쥐고 있어야 한다고 믿었다. 거기에는 의회도, 국민들도 개입될 수 없었다.

　이 과제를 효율적으로 수행하기 위해 아데나워는 제도적으로 수상실이라는 기구를 만들었다. 1949년 수상 취임과 동시에 만든 이 기구는 몇 가지 기반을 근거로 하고 있는데 그 첫째는 전문가 시스템을 도입하고 있다는 점이다. 아데나워는 정치학자, 역사가, 법률가 등 각계에서 명망 있는 인력을 수상실로 불러들였다. 이는 아데나워에게 독일 내 최고의 전문가 그룹으로부터 직접 조언을 받을 수 있었다는 것과 이들 지식인들이 정치적 기반이 있는 전문 정치가들이 아니었기에 파워가 없어서 전적으로 아데나워에 종속된 인물들이었다는 두 가지 이점을 제공했다. 다시 말해 아데나워는 그들을 언제든지 해고할 수 있었을 뿐 아니라 그들 전문가들의 상호경쟁을 유발시켜 통제할 수 있었다.

　둘째는 수상실이 내각 내 각 부처의 업무를 조정하고, 통제하는 종합 조정기능을 갖고 있었다는 것이다.

　각 부처에서 올라온 정책을 판단, 검토하고 실행, 감독의 기능을 했다. 특히 외교, 국방정책에서 내각이나 의회를 배제하고 수상실이 정책 입안 기능을 대신했다. 통일 문제의 정책기능도 수상실에서 관장했다.

　1951년 독일이 외무부를 설치할 수 있는 권한을 부여받은 이후에도 아데나워는 외교정책의 수행을 전적으로 수상실에 의존했다.

　아데나워는 전통적 의미에서 비밀 외교, 조용한 외교의 신봉자였다. 그는 수상실 뿐 아니라 소속당인 기민·기사연맹에 대해서도 자신의 카리스마를 행사했다.

　아데나워 재임 기간을 통해 기민당은 아데나워 개인에 의존하다시피 했고 아데나워 개인이 곧 당이라고 할 정도였다. 기민당은 1950년까지도 중앙당을 형성하지 못한 채 분파적인 성격을 띠었고 그래서 기민당은 자연히 수상에 의존할 수밖에 없었다.

　아데나워는 수상실 조직을 갖고서 당 헌금도 거두어들였고 선거 캠페인도 짜고 여론조사와 후보자들까지도 조정했다. 그러기에 아데나워 방식 이외의 대안이 없었고, 아데나워의 정책 결정에 반기를 드는 것은 바로 당 전체를 위태롭게 할 수 있을 정도로 기민당은 철저한 아데나워 당이었다. 여기에다가 전통적으로 독일 국민들의 지도자에 대한 복종이 아데나워의 이 같은 1인 통치를 가속화시켰다.

　아데나워는 정치 생애를 통해 내정, 외교분야에서 어떠한 변화도 꺼리는 지극히 도그마적이고 이데올로기적인 면모를 보였다. 아데나워의 당과 내각 운영방식은 권위주의적이고, 비민주주의 방식이었고 반대자들은 아데나워의 이 같은 운영방식이 서독 민주주의 발전을 더디게 했다고 비난한다.

　그러나 좀 더 살펴보면 아데나워는 두 가지 점을 분명하게 과시했다.

　하나는 견고한 이데올로기의 면모이다. 이를테면 미국 등 4강과 만나 독일 문제와 군축 문제를 토의할 때 아데나워는 그들이 독일의 서구통합 목표를 위협할 것이라는 두려움을 갖고 그러한 만남을 거부하려고 했다.

다른 측면은 자신에게 유리한 이슈에 대해서는 지극히 실용주의적인 면을 입증해 보였다. 그 대표적인 예가 이스라엘에 대한 배상 협정이다. 아데나워는 한편으로 독일 여론을 무시한다는 의지를 과시하면서 다른 한편으론 독일 측에 유리하지 않은 조건을 명백하게 거부하는 입장을 보였다.

외교 우선주의

"민주주의에서 정부가 외교 협상을 이끄는 것은 당연하다. 미완성 조약을 의회 차원에서 일일이 토론하는 것은 불가능하다. 기본 방향의 토론이면 족하다."

아데나워의 이 글귀는 아데나워 외교정책의 일단을 보여주는 대목이다. 민주주의에서 의회의 절차를 다소 경시하는 아데나워의 의회관을 엿볼 수 있는 대목이기도 하다.

아데나워가 외교 우선주의를 기치로 정부를 운영한 데는 크게 두 가지 이유에서였다. 먼저, 소련의 제국주의적 팽창을 저지해야 한다는 것이고, 둘째는 독일사의 뼈아픈 과오인 그네 타기 외교가 빚은 오판을 더 이상 재연해서는 안 된다는 현실적인 이유에서 비롯됐다.

서독 정부가 수립되었지만, 서독은 사실상 여전히 연합국의 보호 아래 있었다. 아데나워는 대망의 수상 자리에 올라 공식적으로 처음 하는 취임 연설을 한 다음 날 전 각료를 데리고 페테스부르크로 가야 했다.

1949년 9월 21일, 연합국 고등판무관들은 페테스부르크에서 열리는 군정 종식과 민정 출범의 공식적 행사에 아데나워를 초치招致한 것이었다. 말하자면 점령군 수뇌들에게 서독의 출범을 신고하는 절차였다.

아데나워는 이날 고등판무관과 동등 자격으로 초치된 것이 아니라 일종의 간청자로서 온 것이었다. 입장 형식이 그를 대변해 주었다. 아데나워는 국가원수로선 수용하기 힘든 수모의 자세를 요구받았다.

연합국 3국 고등판무관들은 형형색색의 동양 양탄자 위에서 기다리고 있었고 아데나워는 그 양탄자의 끄트머리에 서서 정부 각료를 한 사람씩 소개하기로 돼 있었다.

그러나 아데나워는 양탄자에 한 발 안쪽에 서서 미리 준비한 서명을 전달했다. 이는 아데나워가 자신을 고등판무관들과 합법적인 동격으로 간주하려는 행동이었다.

소개가 끝나고 고등판무관 대표의 답사가 있었고 전 참석자들은 베란다로 나가 라인 강의 전경을 화두로 삼아 담소를 하며 샴페인을 들었다. 아데나워는 11시경에 페테스부르크를 떠났다.

이날 모임의 1차 목적은 아데나워에게 점령 법령의 사본을 주는 것이었다.

　이 법령은 연합국의 점령 근거를 법제화한 것으로 연합국은 서독에서 민주체제가 위협받고, 안보가 위태롭다고 느낄 때 직접적인 관할권을 행사할 수 있다는 것을 분명히 하고 있다. 또한, 아데나워에게는 상당한 유연성을 보장해 주는 문서이기도 하다.

　그러나 이 문서에 대한 기록이 분명치 않다. 아데나워는 아무도 자신에게 이 문서를 넘겨주지 않았다고 주장했다. 대신 고등판무관의 서명이 없는 사본을 외교 측근에게 주었다는 것이다. 아데나워가 훗날 측근인 블랑캔호른에게 그 문서의 행방을 물었을 때 블랑캔호른은 사본을 복사해 왔다. 원본의 소재는 미스테리로 남아 있다. 완전한 주권 회복 없이 절름발이로 출범한 아데나워 정부의 설움을 간접적으로 그려 주는 상징적인 삽화이다.

서독 지역이야 이런 절차가 곧 없어졌지만 한 도시를 3개국이 분할 점령했던 서베를린의 경우 오랜 기간 그런 관행이 존속했었다. 다른 나라의 외교사절이 부임하면 베를린 시장에게 들르기 전에 서베를린 점령 사령관에게 먼저 신고해야 했다..

페테스부르크로 신고하러 가는 아데나워의 표정과 심경이 익히 헤아려진다. 점령 연합국의 관료주의는 나라 구석구석에까지 영향을 미쳐 영국군 통제위원회만도 1만여 명의 민간인이 근무하고 있었다.

전 연방 예산의 36%가 점령 비용에 충당됐다니 점령 상태에서 하루빨리 벗어나야 한다는 점을 아데나워는 익히 알고 있었다.

외교관들

"독일 외교정책의 위대한 전통은 비스마르크에서 시작해 히틀러에서 끝났다."고 미국의 사학자 그레이크는 말했다.

서독의 건국과정에서 외교제도를 정비해 세우는 일이 다른 어느 것보다도 오랜 시간이 걸렸다.

서독 정부는 당시 외무부라는 정부 부처가 없이 출범했다. 제도의 부족 뿐 아니라 인력의 부족 역시 마찬가지였다.

서독 건국 직전에 서방 점령국들은 서독의 정치 엘리트들을 중심으로 해서 새로운 외무부를 창설할 준비를 했고 그같은 방침에 따라 연구 그룹이 여러 군데서 발족됐다.

안톤 파이퍼가 주도하는 평화 문제 사무소가 슈투트가르트에 발족했고, 다름슈타트에서 노르트라인-베스트팔렌 주지사 칼 아놀트가 이끄는 특별위원회 등이 구성됐다.

서독 정부가 구성될 무렵 과연 누가 초대 외무장관이 될 것이냐는 데 대해 많은 추측이 잇따랐다. 그러나 아데나워가 수상으로 선출되면서 모든 것이 수포로 돌아갔다. 아데나워는 1949년 9월 20일 취임 연설에서 외무부의 무용성을 밝힌 바 있다.

"연방 정부 부처들 가운데 외무부만이 없다. 나는 정부 구성 위원회의 제안에 동의하지 않았다.

내가 외무부 창설 제안에 동의할 수 없는 것은 점령 위치와 관련해 독일의 이름으로 또는 독일에 의한 국제협정 등 일체의 외교 사안은 3국 점령국의 고등판무관실의 소관이기 때문이다."

아데나워는 이어 덧붙였다.

"그렇다고 해서 서독 정부가 외교활동에 대한 생각을 완전히 단념한 것은 아니다."라는 것을.

아데나워는 자신의 판단력을 테스트할 수 있는 거대한 외교 조직에 부담을 지우는 것을 원치 않았다. 그 이유는 아데나워의 개인적인 욕심에서 비롯된 것이기도 하다. 즉, 외무부가 생기면 많은 나치 시대 인물들이 자리를 차지해야 하고 그렇게 되면 언론으로부터 공격을 받을 것이 뻔하다는 계산을 하고 있었던 것이다.

정부 수립 1년 반 뒤에 생긴 외교 업무를 위한 사무소라는 것도 최대한 적정규모에 비전문적인 인사들로 구성됐다. 아데나워가 부른 첫 번째 외교관이 블랑캔호른이었다.

그는 나치 시대 워싱턴, 헬싱키공관 등지에서 근무한 경험이 있는데 나치 당시에 그다지 신임을 받지 못한 인물이었다.

블랑캔호른은 기민당 사무총장으로 쾰른에서 아데나워와 인연을 맺어 입법회의에 참가했고 결국 아데나워의 측근이 되었다.

아데나워가 자기 곁에 불러들인 다른 외교관은 한스 폰 헤르바스. 그 역시 전문 외교관인데 별로 빛을 보지 못한 인물이었다. 아데나워가 전문 외교관을 피하고 가급적으로 비전문가를 기용했다는 것은 유럽 석탄·철강 공동체 창설 시 프랑스 측이 비나치 인물을 대표 단장으로 해 달라는 요구에 아데나워가 호의적으로 응답한 것에서도 여실히 드러났다.

아데나워는 할 슈타인을 단장으로 임명했다. 할 슈타인은 후에 외무장관까지 기용된 그 유명한 할 슈타인 원칙의 당사자이다. 프랑크푸르트대학 공법 교수였는데 미국 조지워싱턴대학 교수도 역임한 적이 있는 비정치적인, 무색무취의 인물이었다. 그러나 시대가 요구하는 폭넓은 지식을 갖고 있었다.

아데나워는 슈망플랜 협상과 관련된 경제적 문제에 지식도 흥미도 없었기에 할 슈타인에게 전권을 주었다.

교수 출신으로 아데나워 정부에 합류한 사람은 프랑크부르크대학 국제법 교수인 빌헬름 그루베를 들 수 있다. 그는 연합국과 점령 지위 개정 협상을 이끌었다. 기자 출신의 펠릭스 폰 에커하르트는 공보 분야 책임자가 되었다.

이같이 아데나워 외교팀의 중추를 이룬 인물들은 정치적 성향이 배제된 인물이었다. 이들은 아데나워에 대한 충성심이 강했으며 내부적으로 화합, 팀웍을 이뤄 효율적으로 일을 처리해 나갔다. 아데나워가 바랬던 바이다.

아데나워 자신이 외교관의 역할을 수행했으며 실제 그는 수상과 외무장관직을 겸직하였다.

페테스부르크 협정을 체결하다

아데나워는 수상에 취임하면서 국정 목표로 5가지를 설정했다. 그 목표는 서독 정부 공식적으로 발표한 것이 아닌 아데나워 스스로가 정한 것이었다.

경제와 내적 질서 회복, 주권 회복, 자유민주주의 서독 건국과 서독을 국제사회의 일원으로 편입시키는 것이 바로 그것이었다.

아데나워의 첫 번째 임무는 점령 당사국과 협상을 벌이는 것이었다. 아데나워는 초대 내각이 출범한 1949년 9월 21일 그 다음

날 바로 업무에 착수했다.

아데나워에게는 민주국가의 새 정부가 출범할 때 전통적으로 갖는 100일 간의 밀월이라는 개념은 사치스러운 것이었다. 그런 걸 즐길 분위기가 아니었다. 신생 아데나워 정부는 9월 20일에서 28일 사이에 8차례의 각료회의를 가졌고 구체적인 경제각료회의 외에 비공식적인 회의는 하루에도 수차례씩 열렸다.

아데나워 정부가 당면한 국내적인 첫 과제는 마르크의 평가절하였다. 수출을 무기로 경제 기반을 다지기 위해선 독일 상품이 경쟁력 우위를 확보해야 하고 그러기 위해선 일단 값이 저렴해야 했다.

서독이 어엿한 국가로서 만방에 고고의 성을 울렸지만, 당시 실질적인 파워는 미, 영, 불 점령 당사국의 손아귀에 있었다.

아데나워는 점령국 최고위원회와 이른바 페테스부르크협정 체결을 위한 협상을 개시했다. 이 협상의 최대 현안은 대규모 독일 산업 시설의 해체를 중단시키는 일이었다.

히틀러를 분쇄하기 위한 서방의 反히틀러 전선 연합은 승전 뒤 경제 분야에서 취한 조치로 주요 독일의 기간 산업을 해체 및 외국으로 몰수 이전 작업이었다. 1947년 계획에 모두 918개 기업이 해체 대상에 올라 있었다.

이는 독일의 군수산업 성격의 산업시설을 밑둥이 채 뿌리 빼 다시는 히틀러처럼 전쟁을 감행하지 못하게 하겠다는 서방의 계획된 응징이었다. 점령국의 계획대로 독일 산업시설의 해체 작업이 진행된다면 독일 경제는 희망이 거의 없는 상황이었다.

아데나워는 점령군 리스트에 오른 모든 작업장과 기계 부속을 살려내기 위해 투쟁했다. 아데나워의 끈질긴 노력이 결과를 가져와 저명한 철강·화학회사들인 바이엘, 티센, 클뢰크너, 루르 철강 등 해체 리스트에 올랐던 독일의 대표적인 대기업들이 목록에서 제외됐다.

여기에다가 시 자체의 분단으로 산업 기반이 그 어느 도시보다도 취약해진 베를린의 모든 공장들은 사실상 그대로 유지하기로 됐다.

1948년 11월 22일 페테스부르크 협정이 체결됐다. 아데나워의 첫 번째 작품이자 거대한 성공작이었다. 이는 단순히 외적인 측면에서 독일 산업시설의 보전이라는 측면을 넘어서 심리적으로 기업가와 근로자에게 새로운 활력을 주는 엄청난 계기를 제공했다.

아데나워의 독일 산업보호론은 서방 점령국이 독일 산업을 해체해 독일이 무력해지면 결국 독일은 물론 유럽이 소련의 위협에 직면한다는 신념에서 나온 것이다.

아데나워는 이미 전쟁 기간 중에 미·소간 동맹체제는 붕괴하고 세계는 공산과 민주체제 두 블럭으로 나누어질 것이라고 예견했었다.

아데나워의 우려는 독일은 두 번 다시 물질주의 가치관의 체제에 경도 돼서는 안 되고 인권과 민주적 질서가 보장받는 진영으로 궁극적으로 편입돼야 한다는 것이었다. 그래서 아데나워는 공산주의자들의 동쪽과의 연대도, 중립화 정책 또는 가교, 세력균형정책을 펴는 측의 주장에도 반대했다. 아데나워는 독일이 두 강대국의 블록 틈새에서 독자적인 노선을 유지하는 것이 이득을 얻고 통일을 앞당기는 거라는 견해를 비현실적이고 어리석은 것으로 간주했다.

아데나워는 세계가 근본적으로 변하지 않는 한 독일 통일은 자유의 대가에서만 가능하다는 게 소신이었다. 즉, 서방과의 연대 속에서만 독일의 생존과 미래가 기대될 수 있다는 것이었다.

이 같은 인식의 첫 산물이 페테스부르크 협정이다. 독일의 장래와 관련해 특히 외교정책 영역에서 첫 번째 개가였다. 그러나 페테스부르크 협정을 가지고 의회에서 격론이 벌어졌고 사민당의 슈마허는 아데나워를 "연합국의 수상"이라고 비난했다. 그럼에도 불구하고 이 협정은 노동조합의 지지를 받았었다.

독일 재무장

한국전쟁은 아데나워 정부에게 시의적절한 사태였다. 한국전쟁은 아데나워 정부가 대내외 정책을 추진, 실천하는데 결정적인 저변을 조성해 주었다.

서유럽에서는 한국전 발발이라는 불길한 전조를 아주 민감하게 받아들였고, 언론들도 북한이 일방적으로 남침했다고 연일 대서특필했다. 여기에다가 동독이 인민경찰을 증강하는 것을 서독은 예의 주시하고 있는 상황이었다.

아데나워는 군사적 통합만이 서독이 서방에 항구적으로 연계될 수 있는 열쇠라고 판단했다. 이 같은 판단 아래 아데나워는 서방 국가들에 대한 서독의 동등대우권이 실현될 수 있을 것으로 믿었다. 서독 정부 수립 이후 아데나워는 이미 수차례 이 같은 의도를 애드벌룬으로 띄웠다.

페테스부르크 협정이 체결된 지 불과 2주일이 지난 뒤 아데나워는 또 하나의 시도를 한다. 그에게는 모험에 가까운 시도였다. 아데나워는 1949년 11월, 12월에 걸쳐 언론과의 인터뷰를 통해 독일 방위 문제를 토의에 올렸다. 그건 마치 벌집 쑤셔 놓은 것 같은 문제 제기였다. 해외에 상주대사를 파견하지 못하는 상황에서 아데나워가 취할 수 있는 방법은 언론을 통한 공표가 최선의 선택이었다. 동독 측에서 즉각 비난이 쏟아졌다. 서독 측에서는 적절한 지적이었다는 의견이 있었지만 대체적으로 '아직은 때가 아니다.'라는 부정적인 분위기가 지배적이었다. 물론 만약 서독을 탈 군사화 하지 않으면 수많은 군사시설을 해체해야 하는가 라는 의문은 계속 제기됐지만, 식자층에서는 독일 재무장이 독일 군국주의에 대한 의혹을 씻어 줄 수 없을 것이라며 우려를 표시했었다.

아데나워는 군국주의자가 아니요, 환상 없이 세상 사태를 볼 줄 아는 최상의 현실주의자였다. 가시 같은 문제일수록 감정이 아닌 이상적으로 접근해야 한다는 게 아데나워의 생각이었다. 아데나워는 알고 있었다. 서방 강대국들이 독일 스스로가 자위 준비를 하지 않는 한 자신의 아들들을 독일의 자유 수호를 위해 보내지 않을 것이라는 점을. 여기에다가 미국과 유럽의 유대는 더욱 돈독해 질 것이라는 점을 아데나워는 강조했다.

아데나워는 서방에 대해 독일인들의 안보에 대한 보장을 요구한 것이었다. 아데나워가 구상하는 안보는 독일 독자적인 국민군의 창설이 아닌 유럽군 편제 내에 독일 군단을 만드는 것이었다. 이 독일 군단은 안보 내지 유럽군에 가담하는 한 요소이어야 한다는 것이었다.

아데나워는 이를 통해 몇 가지 목적 달성을 설정하고 있었다. 서방의 합병 의도에 대한 보호막, 독일 자체의 위험스런 경향에 대한 안보, 완전한 동등권 확보, 확고한 서방동맹 그리고 독일인과 이웃 국가들의 자유로운 장래를 위한 문호 개방 등 5가지였다.

당시 어느 누구도 이 같은 폭넓은 시야에 현실적인 대안을 갖고 있는 서독의 정치가가 없었다. 아데나워는 1950년 서방 연합국에 "안보 비망록"을 전달했다. 거기에는 점령 지위의 해제를 요구하는 내용이 담겨 있었다.

독일 재무장에 대해 미국과 영국은 오래전에 원칙적으로 동의했지만, 프랑스로서는 가장 현실적인 민감한 사안이었다. 1949년 동·서 냉전이 공고화되면서 서방이 소련에 대응해 세운 집단 안보 기구인 나토의 창설이 있은 뒤 프랑스의 〈르 몽드〉신문은 이렇게 썼었다. "독일의 재무장은 계란 속의 병아리처럼 억제돼 있다."며 독일 재무장의 현실성을 이미 예견했었다.

프랑스는 소련의 군사력도 위협이었지만 그 보다도 독일 재무장이 더 두려웠다. 프랑스는 독일이 소련군보다 강하기보다는 프랑스보다 약해야 한다는 입장이었다.

그래서 프랑스는 독일군은 프랑스를 비롯해, 이탈리아 그리고 베네룩스 3국 등 외국군 예하에 둔다는 것으로 해결책을 제시했다. 이에 반해 독일은 동등권을 주장했다.

이 와중에 타협책으로 제시된 것이 이들 유럽국가군은 통합유럽군 내에 편입되어야 하고, 나토의 회원국이 되야한다는 것이었다. 반면 독일은 유럽방위공동체에 속한다는 것이었다. 여기에 자르의 귀속 문제가 상황을 더욱 어렵게 만들었다.

이 같은 유럽방위공동체안은 독일과 프랑스 국내에서 엄청난 반대에 부딪쳤고 결국 1954년 프랑스 의회에서 비준을 위한 투표에서 좌초됐다.

유럽방위공동체의 좌초는 아데나워에게 충격이었다. 이는 아데나워의 "유럽구상"에 중대한 차질을 가져오게 했다. 즉, 아데나워의 수퍼 유럽의 구상은 사실상 그 궤도를 수정하지 않을 수 없게 됐다. 지금 생각해도 아데나워의 구상은 원대한 계획이었다.

프랑스 의회에서 부결은 오히려 독일의 입지를 강화시켜 주었다. 재협상은 독일의 동등권 문제로 이어져 나갔다.

서독은 1955년 북대서양 조약기구, 나토에 가입한다. 동시에 서독은 서유럽동맹의 회원국이 되었다. 2차대전이 끝난 지 꼭 10년 뒤인 1955년 5월 9일이었다. 그날로 서독은 외교권도 완전히 회복되었다. 서독이 다시 서방 자유세계의 일원으로 복귀하는 순간이었다.

이에 앞서 5월 5일 미·영·불 3국 고등판무관들은 점령 시대의 종지부를 선언했다. 서독은 다시 주권을 회복한 것이었다.

그러나 아데나워는 그 선언을 안타깝게도 의회에서 하지 못하고 수상실에서 독일 국기를 내거는 의식으로 대신했다. 정당 간의 갈등 때문이었다.

아데나워는 말했다. "우리는 이제 지금까지의 파트너들과 진정한 관계를 맺는 자유국가들 속에 자유의 몸으로 서게 됐다."

아데나워는 이어 공산치하에 있는 동독국민들을 향해서도 외쳤다.

"당신들이 우리고, 우리는 당신들에 속해 있습니다. 자유가 동독인들을 배반하고 있는 한 다시 얻은 자유에 대한 기쁨은 흐릿해질 수밖에 없습니다.

왜냐하면, 당신들이 인권을 쟁취하고 자유세계와 더불어 평화롭게 사는 통일의 날까지 우리는 쉴 수 없기 때문입니다."

주위로부터 정말로 의심을 받아온 독일이 건국이래 5년 만에 신뢰를 얻은 것은 놀라운 일이었다. 이는 무엇보다도 아데나워 개인과 그의 정책 덕분이었다. 특히 아데나워의 친분 관계를 빼놓을 수 없다.

아데나워는 국외에서 많은 친구를 확보했다. 슈망과 장 모네, 가스페리, 처칠과 이든 등 유럽인들 그리고 클레이, 애치슨, 아이젠하워 등 미국인들, 아시아 쪽에선 일본의 요시다, 이스라엘의 벤 구리온이 있다. 특히 덜레스와 드골은 아데나워와 살아있는 역사를 함께 만든 시대의 동지였다.

"존경을 받기 위해선 지속적인 신뢰의 동반자여야 한다. 친구이기 위해선 정치적 기본노선과 윤리적 설득에서 진정으로 호흡이 맞아야 한다."고 아데나워는 밝혔다.

실로 세상을 아는 사람들은 그렇게 많은 세계 거물들과 친분을 유지한다는 게 얼마나 힘든 것인지 알고 있다. 아데나워만큼 서신 연락을 꾸준히 가진 지도자도 드물다. 아데나워는 만남에도 의미를 부여했으며 사소한 만남이라도 세심하게 준비했다. 즉 아데나워는 친구 관계에 많은 정성을 쏟아 부었고 그 돈독한 관계를 국가발전에 십분 활용했다.

* * *

서독의 나토가입의 전제조건은 서독이 중화기의 보유·생산을 금하고 나아가 핵무기, 생화학무기의 생산 보유를 포기한다는 것이었다. 독일의 abc 무기의 포기는 오늘날까지도 유효하다.

유럽방위공동체의 실패는 아데나워의 서구통합 전략의 좌초를 의미했다. 아데나워는 전체적인 국내정책과 동방정책을 수정하지 않을 수 없었다. 왜냐하면, 아데나워의 구상은 정치, 군사적으로 통합된 유럽이라는 전제에서 디자인한 것이었기 때문이다.

아데나워의 유럽 구상은 유럽 철강·석탄공동체라는 기능적 통합을 시작으로 석탄철강공동체에 영국을 포함하는 7개국의 군사 통합을 경유해 궁극적으로 유럽연방의 형태인 유럽정치공동체로 간다는 계획이었다.

마스트리히트 조약의 체결로 유럽공동체의 꿈이 가시화되고 있는 요즘도 정치 통합에선 각국의 이해가 여전히 대립하는 상황을 보면 당시 아데나워의 구상은 원대한 구상이 아닐 수 없다. 아데나워는 이 같은 군사·정치통합에 억지력을 기본 요소로 간주했다. 즉, 소련이 무력으로 중부 유럽에 롤백을 시도한다면 강력하고 신뢰성 있는 통합 유럽만이 소련이 독일 통일을 허용하는 길이라는 게 아데나워의 생각이었다.

유럽방위공동체의 좌초 이후 정치 통합은 포기됐지만, 오히려 기능적인 경제 통합은 가속화되는 계기가 되었다. 유럽방위공동체 실패 이후 프랑스에서는 알제리 문제를, 독일에선 통일 문제를 둘러싼 협소한 내셔널리즘과 국가 이기주의가 유럽통합의 아이디어를 위협하기도 했다.

그럼에도 불구하고 50년대 유럽통합을 향한 전망은 나쁘지 않았다. 그 이유는 두 가지에서였다.

첫째, 아데나워는 숙련되고 경험 있는 유럽 전문가들, 할슈타인이나 블랑캔호른의 도움을 받고 있었다.

둘째, 장 모네 등 다른 유럽 지도자들도 아데나워의 근심을 이해하고 있었고, 유럽 문제의 진전을 요구하는 서독 안팎의 안정이라는 주장을 수용했다. 그러므로 아데나워는 서독 방위기여 문제에 있어서도 나름의 강력한 카드를 활용할 수 있었다.

다른 유럽 지도자들은 서독의 경제적 힘과 생산성을 필요로 했고, 서독을 지키기 위해 서독의 이해를 고려하지 않으면 안 되었다.

이런 유럽통합이라는 전체적인 구조 내에서 아데나워가 달성할 수 있었던 것이 프랑스와 손을 잡는 프랑스와의 화해 전략이었다.

제네바 정치협상

1955년 봄, 정치 분석가들은 동·서 관계의 해빙을 감지했었다. 그들의 분석을 뒷받침해 주는 분명한 신호는 오스트리아의 4강 통치 종식과 주권 회복이었다. 미·영·불·소 4강은 오스트리아 조약을 체결하고 주권을 회복시켜 주었던 것이다. 오스트리아는 중립국으로 재탄생했다. 이른바 오스트리아 방식은 서독의 사민당에게 희망적인 해법으로 떠올랐다. 즉, 독일도 이와 유사한 방법으로 해법이 가능하지 않겠느냐는 기대가 바로 그것이었다.

그래서 아데나워에 대한 비판도 이어졌다. 왜 독일에선 오스트리아 방식이 안 되느냐는 것이었다. 그러나 일단 상황이 오스트리아와 달랐다. 오스트리아는 분단되지도 않았고 소련의 공산 괴뢰정권이 들어서지도 않았다. 더욱이 소련은 오스트리아를 중립화함으로써 나토의 북·남 그룹 간의 지정학적 분리를 모색하려는 전략적 계산이 깔려 있었다.

서독의 야당인 사민당은 서독의 나토 회원국으로 야기될 수 있는 핵전쟁과 중립화된 통일 독일로 인한 소련의 위협을 피하기 위한 협정을 끊임없이 구상했다. 독일의 중립화 문제가 다시 불거진 것이었다.

그러나 아데나워의 접근법은 그게 아니었다. 4월 오스트리아가 4강의 족쇄에서 풀려 중립국이 된다는 소식이 전해졌을 때 아데나워의 수상실은 불안과 경악 그리고 분노의 분위기였다.

아데나워는 사민당의 개념은 수용할 수 없다는 입장이 분명했다. 아데나워는 나토 회원국과 중립화, 통일 문제 간의 선택 문제가 아니었다. 나토 회원국으로서 전쟁위험의 감소와 안보 그리고 소련의 지배 가능성의 명료화와 서독 민주주의의 영원한 고별 간의 문제가 오히려 심각한 문제였다. 소련의 영향력 확대를 저지하기 위해선 서독의 분명한 동반자인 나토와 다른 서구 기관이 있어야 한다는 아데나워의 논리는 확고했다.

아데나워는 오스트리아 중립으로 야기된 이 같은 미묘한 상황 전개를 설득으로 해결해야 할 중대한 시점을 만난 것이었다.

오스트리아 조약이 체결된 지 3일 뒤, 분명히 오스트리아 방식에 자극을 받았을 것으로 여겨지는 미국의 아이젠하워 대통령은 프랑스의 〈르 몽드〉신문과의 회견에서 중부 유럽의 중립화 지대 구축에 대한 관심을 표명했다.

아데나워는 의심했다. 만약 아이젠하워의 관점이 변모하는 서방의 태도를 대표하는 것이라면 서독의 주권과 특히 군사방위 문제는 소련과 타협의 주제가 될지 모른다고.

아데나워의 우려는 서방 강국들이 소련에 6월 초 제네바에서 유럽안보 문제도 포함되는 정상회담을 열기로 제안했다는 소식에 더욱 깊어졌다.

제네바 정치회담은 7월 18일 개최됐고 프랑스 포레 총리, 소련의 불가닌, 영국의 이든 그리고 미국의 아이젠하워 대통령이 대표로 참석했다.

서방 수뇌들은 회담 개최 이틀 전에 도착해 17일 일요일 아이젠하워의 별장에서 서방의 입장을 교환하고 조율했다.

아데나워는 서독의 안보 문제에 대해 서방의 어떠한 의도도 사전 봉쇄하기 위해 블랑캔호른과 호이징가 장군이 작성한 오데르-나이제강 양안 지역을 중립 지대로 하고, 서독을 중립화한다는 내용을 담은 비밀 계획을 미국과 프랑스 정부에 전달했다.

그러나 영국 정부는 중부 유럽의 군사력을 약화시킨다는 계획을 준비해 아데나워에게 알려주었다. 이든 영국 수상은 핵전쟁에서는 누구도 승자가 있을 수 없다면서 동서 강대국들은 독일 문제에 대해 합의에 도달해야 한다면서 영국의 독일 문제 해결안을 제시했다.

그러나 제네바 협상은 합의를 만들어 내지 못했다.

서독은 핵무기를 가져야 한다

아데나워는 서독이 핵무기를 가능한 한 빨리 갖기를 바랬다. 이 점에선 국방장관 슈트라우스도 같은 생각이었다.

그도 그럴 것이 서독군이 다른 나토군보다 무장이 약하다는 것은 받아들일 수 없는 사안이었다.

아데나워는 1956년 9월 19일 내각에서 이미 "서독이 핵고아로 남아 있을 수 없다."며 핵무기에 대한 강한 의지를 천명한 바 있다.

아데나워는 서독이 핵무기를 보유 뿐 아니라 생산하는 것까지 상정했다. 서독은 이미 1954년 핵무기 생산 포기를 선언한 바 있다. 그러나 서독의 핵무기 문제는 국내외적인 이슈로서 뜨거움이 식지 않았다.

아데나워가 핵무기에 대한 결심을 하게 된 배경은 3가지 이유가 작용했다.

첫째, 1956년 헝가리 민주화 운동이 좌절됐다. 소련과 헝가리 공산당이 탱크로 진압했기 때문이었다. 아데나워는 그 체제에 일말의 관용이 없다는 것을, 그리고 서방은 그같은 폭력성에 아무런 도움을 줄 수 없다는 것을 깊이 깨달았다.

둘째, 헝가리 사태 직전에 서독과 소련은 통일 문제에 대한 각서를 교환했다. 서독은 자유 선거와 통일을 요구했으나 소련 정부는 이 문제를 인지하는 것 조차를 거부했다.

셋째, 서방은 소련과 군축회의를 열기로 합의를 했다. 그러나 이 같은 정세변화에 다른 이유도 이유지만 아데나워나 슈트라우스가 핵무기 문제에 단호하게 결심하게 된 진짜 배경은 미국에 대한 불신에 근거하고 있다. 미국 정부는 동맹국에 핵무기를 지원할 수 있다는 사실을 공식적으로 선언하지 않고 있는 점이 소련과의 대응을 무엇보다 중요시하는 아데나워에게는 달갑지 않은 상황이었다. 아데나워는 전략이니 군사기술이니 하는 사안보다 소련이 서구 민주사회에 정치적 영향력을 확장하려는 것을 염려했기 때문이었다.

아데나워가 워싱턴을 방문하고 있는 기간 중 런던에서 열린 군축회의 소식은 아데나워를 실망시키기에 충분했다.

아데나워가 1957년 봄 프랑스 총리를 만나서 영국의 핵무장에 대한 불안감을 표시하면서 동의를 구했을 때 모레 총리는 "우리도 5년 뒤에 핵무기를 보유해야지요."라고 답했다.

아데나워 정부의 핵무장 계획은 국내 정치에도 일대 파문을 일으키면서 독일 사회를 달구었다. 사민당과 자민당은 서독군의 핵무기 보유 내지 서독의 나토 시설에 핵무기를 도입하는 것은 유럽의 군사블럭을 분열시키면서 장래 통일 가능성에 장애물이라고 간주했다. 반대는 핵물리학자들로부터도 제기되었다. 그들은 핵무기 문제를 비도덕적이라며 정부를 공격했다.

이들 과학자들은 히틀러의 권력 남용을 상기할 때 서독의 핵무기 보유는 삼가야 한다고 주장했다. 오토 한, 베르너 하이젠베르크, 칼 프리드리히 폰 바이츠체케 등 세계적으로 저명한 독일 과학자들은 "선언"을 발표하며 평화주의가 최선의 방위라는 점을 강조했다.

연방의회에 올려진 핵무장 문제는 장장 5일 동안 열띤 토론으로 이어졌다. 의회는 설전의 광장이었다. 그러나 아데나워나 슈트라우스의 논박은 예상했던 것보다 약했다.

사민당 의원들은 "당신들이 도대체 전면전을 하려는가?"라고 맹공을 퍼부었고 이에 격분한 기민·기사당 의원들이 의석을 떠나기도 했다.

1956년부터 1958년까지 지속된 핵무기 논쟁은 초현실주의적 성격을 지녔던 것 같다. 당시에 투입·공급 가능하도록 충분한 전략 핵탄두도 없었으며 그에 필요한 운반무기도 없었기 때문이었다.

아데나워는 의회 토론을 통해 동의를 얻었는데 그것은 전략 핵탄두를 위한 운반무기를 1960년부터 무장할 수 있다는 것이었다. 그것도 미국의 엄격한 감시 아래서라는 조건이 달려 있었다. 아데나워의 "힘의 정치"가 먹혀들지 않는 조짐이었다.

그것은 그로부터 반년 뒤 후르시쵸프가 베를린 최후통첩을 띄웠을 때 서독이 보여준 허약함과 서방에의 종속이 말해 주고 있으며, 소련에 대해 "힘의 정치"의 원칙이라는 입장을 보여줄 태세가 안 되어 있었다는 것을 말해 준다고 베를린대의 쾰러 교수는 자신의 대작 『아데나워』에서 평가했다.

chapter 8

라인 강의 기적

아데나워식 복지개혁

—
라인 강의
기적
—

■
■
■

　전후 독일 경제의 기적적인 부흥을 "라인 강의 기적"이라고 칭한다. 라인 강의 기적은 독일인들이 폐허를 딛고 빠른 시간 내에 경제적 부흥을 도모한 것이지만 거기에는 단순히 물적 풍요의 양적 확대라는 측면을 너머서 정치, 사회적 안정을 동시에 확보해 나가는 토대를 마련했다는 데 의미가 있다.

　라인 강의 경제 기적은 사회 복지와 정치적 안정을 가져온 것이다. 아데나워가 권위주의적 스타일로 정부를 운영했음에도 독일 국민들 사이에서 상대적으로 비판의 소리가 적었고 통합적인 역할을 한 것도 경제적 풍요가 그 자리를 대신해 주었기 때문이었다.

　전후 아데나워가 도입한 재상 민주주의라는 통치스타일은 정치와 경제 간의 중요한 상관 관계를 내포하고 있다. 정치적 안정이 경제발전의 견인차 역할을 했다. 또한, 경제부흥이라는 물적 토대가 수상의 권한을 강화하는 재상 민주주의를 떠받쳐 주었음을 아데나워 시대는 일깨워 주고 있다.

아데나워 이전 지난 반세기에 걸쳐 독일인들이 그러한 풍요를 만끽한 적은 없었다. 즉, 사회적 시장경제가 기능을 하며 정치적 안정을 이뤄 가는 것은 상대적으로 동독의 계획경제와의 체제 승리였다. 거기에다 서독에 행운이 따랐다.

그 무렵 한국전쟁은 모든 것의 아버지였다. 한국에서의 재앙은 서독이 주권 회복과 재무장을 신속하게 하는데 기여했을 뿐 아니라 경제발전의 동인을 제공했다. 남의 불행이 행복으로 작용한다고 하더니 바로 그 형국이었다.

전후 일본의 초대 수상이었던 요시다도 한국전쟁 발발 소식을 접하고 이제는 살았다며 무릎을 쳤다는 일화가 있다.

1950년 1·4분기의 서독의 실업률은 무려 12.2%였다. 그해 6월 터진 한국전쟁은 서독 경제의 어려움을 해방시켜 주었는데 극동에서의 전쟁으로 서독 수출은 붐을 탔고 이를 계기로 해외 수요가 폭발적으로 늘었다. 미국과 서유럽, 특히 프랑스와 영국에서 군수물자의 생산은 거의 포화상태에 이르렀다.

점령 합의에 따라 군수물자의 생산이 허용되지 않은 서독은 산업 생산품들과 기계·화학·건설장비 등을 공급했다. 그리하여 50년대 말 서독은 거의 완전고용사회를 이뤘고 서독이 해외에서 노동력을 수입하기 시작한 것도 그 무렵이었다. 한국의 광부와 간호사의 서독 진출 역사의 시작이 그때였다.

"메이드 인 저머니"의 위력은 세계로 뻗어갔다. 전 세계적으로 유명했던 독일제 상품들은 다시 전통적인 지위를 회복해 갔다. 라이카 카메라가 그러했고, 메르쎄데스 벤츠 자동차가 그러했고 히틀러 시대에 만들어진 딱정벌레라는 별명을 가진 폭스 바겐 승용차는 국내뿐 아니라 전 세계에 보급되기 시작했다.

1950년에서 1954년 사이의 서독 경제는 연평균 8.8%라는 경이적인 신장세를 기록했다. 1955년에서 1959년은 7.2%를 기록했다. 금세기 들어 가장 높은 성장을 이룩한 것이었다.

서독의 경제 기적은 서독인들은 새로운 자의식의 핵심이 되었다. 경제 부흥은 패전으로 황폐해진 의식과 비참함, 그리고 파괴된 전통적인 독일인의 정체성을 다시 찾는 통로였다.

정치 지도층들도 독일사의 전통이 되다시피 했던 정치·군사적 공명심을 단념했다. 경제가 살아나면서 흩어져 있던 독일 난민과 전쟁 상이용사, 포로들이 속속 입국해 발전하는 서독 사회에 통합됐다.

서독인들은 소비사회의 풍요를 누리기 시작했다. 1956년 철강 산업에 주 5일 근무에 45시간 근무가 적용됐고 다른 사업장에도 근무 시간이 점차 줄어들었다.

연방 휴가법은 1963년 1년에 3주 휴가를 법적으로 보장했다. 1957년부터는 입원 시 임금을 보상해 주는 장치도 도입됐다. 경제 기적은 정부 지출을 가능하게 해 아데나워는 사회정책을 추진했다.

아데나워식 복지개혁

　1957년 연금개혁은 아데나워의 국내 치적 중 대표적인 것으로 평가받았다. 허리띠를 졸라매며 전쟁의 잿더미에서 개미처럼 땀 흘리며 경제 기적의 파수꾼 역할을 한 노동자들과 과부들은 최저 생계비 이하의 연금혜택을 받았고 이는 경제기적이 가시화되면서 정당 간의 주요 정치 쟁점이었다. 그래서 아데나워는 1957년 1월 1일 자로 소급해서 노동자들에게 67%, 사무고용인의 경우 72%를 올리는 획기적인 연금개혁을 실행하였다.

　이 법안이 알려진 뒤 서독의 알렌스바하 여론조사연구소는 여론조사를 인용해 "연금개혁만큼 긍정적인 반응을 불러일으킨 예는 없다."며 아데나워의 연금개혁에 대한 반응을 전했다. 이는 비스마르크식이 아닌 시대 상황에 맞는 아데나워식 사회복지법이라는 찬사를 받았고 그 평가는 오늘날에도 학술적으로 유효하게 유지되고 있다.

　아데나워는 1953년 총선이 끝난 뒤 외교정책 이외에 사회정책 영역에서 새로운 길을 모색할 것임을 당 위원회에서 천명했다. 사실 아데나워는 임기 중에 사회복지 영역을 지속적으로 넓혀 왔다.

　이미 1950년에서 1953년 사이 사회보장비 지출이 50%에 육박해 당시 복지국가의 모범생인 스웨덴이나 영국보다 앞섰다. 여기에 1955년부터 1960년까지 추진된 연금개혁으로 서독 가정의 실질 소득은 월등하게 증대되었다.

또한 재임 중 9백 개의 일자리를 창출했고 6백만 호의 주택공급을 실현했는데 그 절반 이상이 저소득층을 위한 사회주택이었다.
　연금개혁은 그러나 아데나워의 외로운 투쟁으로 쟁취해 낸 값진 업적이었다. 정부와 당에서 아데나워의 연금개혁에 대한 반발이 컸다. 프릿츠 쉐퍼 재무장관은 아데나워의 연금개혁이 정부 재정을 황폐하게 만들 것이라고 반대했다. 경제장관인 에어하르트조차도 우려를 나타냈다. 기민·기사연맹의 많은 의원들도 이 견해에 동참했다.
　여기에다가 연정 파트너인 자민당도 거부 입장이었다. 경제단체, 신자유주의 경제학 교수, 경제 분야 언론인조차도 위험성이 있는 것으로 보았다. 통화 불안정, 장기적인 재정 불안 등이 반대 이유였다.
　아데나워는 반대의 장벽에 둘러싸여 있었다. 아데나워는 사방에서의 저항으로 애초 연금개혁안을 수정할 생각이었으나 궁극적으로 1957년 총선이 그를 도왔다.
　연금개혁으로 보수적 이미지로 가득 찬 아데나워의 집권 연정은 선거전에서 사회정책에서 진보적인 정당이라는 점을 부각시킬 수 있었고 결국 아데나워가 1957년 총선에서 압승을 거두는 결정적인 요인이 되었다. 연금개혁이 사민당에 도움이 된 것이 아니라 아데나워의 권력 기반을 더욱 강화시켜 주는데 일조를 했다.
　아데나워의 사회정책은 두 가지 관점이 내재해 있었다. 선거용이었다는 권력적인 측면이고, 다른 측면은 사회복지정책의 강화가 서방의 생존을 위한 전략이라는 측면에서 동독보다 매력의 나라라는 우위를 확보하는 이데올로기적인 관점이 바로 그것이다. 결국, 아데나워 시대의 재상 민주주의로 상징화되는 정치 안정은 경제 기적에 영향을 받은 바 크다. 즉, 경제 부흥에 따른 국민들 소득이 안정화되면서 재상 민주주의도 틀을 잡아갔고 아데나워의 정치 기반은 더욱 안정화되어 갔다. 아데나워의 인기도 천정부지로 치솟았다.

1957년 2월 아데나워의 지지도는 48%를 기록했다. 아데나워의 이미지가 위대한 외교정책가 뿐 아니라 사회개혁가로도 각인된 것이었다.

그 무렵 서독의 여론조사는 서독인들이 가장 위대하다고 여기는 인물이 비스마르크에서 아데나워로 옮겨가고 있음을 보여주었다. 알렌스바하 여론조사는 1957년을 기점으로 아데나워의 위대한 업적에 대한 평가도가 26%로 23%의 비스마르크를 앞지르기 시작했다. 그같은 평가는 1977년에 42%로 최고조를 달했다.

아데나워는 서독인들의 가슴에 자리 잡은 것이었다.

chapter 9

유럽이라는 제단에 독일을 바치고

슈망플랜 |
유럽경제공동체 발족과 유럽의식의 고양 |
아데나워와 드골 |
독·불 우호 조약을 체결하다

―

유럽이라는 제단에
독일을 바치고

―

⋮

 아데나워라는 인물에 대한 사전 지식이 없이 아데나워의 얼굴 사진을 보면 당신은 아마도 그가 몽고족의 얼굴상을 하고 있음에 다소 놀랄 것이다. 길쭉한 얼굴에, 찢어진 우리부리한 눈매의 그의 외모는 아시아 인종의 모습을 풍긴다.
 아데나워에게 유럽이란 무엇이었는가? 아데나워에게 유럽은 삶의 양식이요, 문명의 한 형태요, 물질적인 차원을 넘는 정신의 우위였다. 그러면서도 아데나워에게 유럽은 조국 독일보다 앞서 있는 개념이었다. 그가 분단 독일의 현실을 수용했을뿐더러 그걸 원했다는 것을 어떻게 설명해야 하는가.
 "내가 조국의 통일보다 유럽의 통일을 먼저 성취하게 되는 첫 번째 독일 수상이라는 점을 잊지 마십시요. 나는 독일이 강력한 서방의 캠프에 합류할 수 있다면 독일 통일을 희생할 준비가 돼 있습니다."

아데나워가 1954년 프랑스의 멘데 프랑에게 한 말이다. 아데나워의 구상은 유럽이 먼저고 독일 통일은 차후의 일이라는 것이었다. 즉, 독일 통일은 유럽의 우회로를 거쳐 가야 하고 그 기간 동안 독일 통일은 유럽의 제물이 돼야한다는 논리이다.

따라서 그의 외교정책을 단지 반공산주의 정도로 이해하는 것은 절반의 이해밖에 못 된다. 서구통합과 유럽 통일을 정열적으로 추구하게 된 것은 단지 그가 반공주의자였기 때문만은 아니다.

그의 모든 외교정책의 대상은 상호 완성되었다. 아데나워는 동독 정부와 통일을 위한 어떠한 제안보다 유럽 재건에 정열을 쏟아붓는다.

슈망플랜

전후 유럽사의 전환점이 싹튼 이야기를 시작한다. 1950년 5월 8일, 독일이 연합국에 무조건 항복을 한 지 5년 뒤. 시간은 낮 12시. 프랑스 외무장관의 특사 로버트 장 미쉬리히는 서독 정부 아데나워의 측근 블랑캔호른을 통해 프랑스 외무장관 슈망의 사신 한 통을 전달했다.

미쉬리히 특사는 자신의 임무를 비밀에 부쳐 주며 슈망의 사신 내용 누구도 알아채선 안 된다면서 철저히 비밀로 해줄 것을 간곡하게 부탁했다. 그리고 프랑스 군정 사령관에게도 자신의 독일행에 대해 함구해 줄 것을 부탁했다.

5월 7일 자로 작성된 두 쪽짜리 슈망의 사신은 친필로 쓴 것이고 말미에 슈망의 서명이 있었다.

"독·불 관계의 장래와 유럽평화를 위한 프랑스의 제안 내용을 5월 9일 저녁 프랑스 정부로 하여금 공표하도록 부탁했습니다.

그 내용을 수상께 간단하게 알리려고 합니다. 프랑스 정부는 독·불간 석탄, 철강 산업의 공동 관리를 제안합니다."

이는 슈망의 밑에서 일하는 장 모네의 아이디어였으며 슈망플랜의 창시자이자 유럽통합의 아버지로 역사는 그를 적고 있다.

아데나워는 슈망이 양국간 정부 협정 정도를 구상하는 것으로 여겼다. 이날 오후 아데나워는 블랑캔호른과 이 문제를 협의했다. 이어 내각 회의가 열렸고, 블랑캔호른은 프랑스에 내각 회의에서 긍정적인 반응을 전화로 알렸다. 아데나워는 슈망플랜이 잘 돼 가는구나 내심 흐뭇해했다.

프랑스는 그날 오후 6시 세계 언론에 이 야심 찬 계획을 공표했고, 이어 밤 8시 본의 의회 기자회견장에 300여 명의 내외신기자들이 몰렸고 아데나워는 내각을 수행해 회견장으로 입장했다.

아데나워는 슈망플랜을 역설했다. "유럽연방", "제3세력", "세계의 영원한 평화 요소가 될 것이다." 등등의 표현이 반복됐다. 그리고 이는 독일의 탈군사화 결정이 결코 되어서는 안 된다는 점도 분명히 했다. 또한, 프랑스 측과 슈망의 노고를 치하하면서 이 아이디어야말로 자신이 머릿속에 25년 전부터 아른거리던 것이라고 강조했다.

야당의 슈마허는 슈망플랜에 분명하게 "노"라고 손을 내저은 것은 아니었지만, 상당히 회의적인 반응을 보였다. 슈망플랜은 속도감 있게 반응을 보이며 진행됐다.

미국에서 환영과 지지의 반응이 들렸다. 이탈리아 외무장관도 지지 성명을 보내왔다. 영국 쪽에서는 이 계획의 실현으로 루르 지역에 대한 영국의 강한 영향력이 상실된다는 것과 대륙의 석탄·철강 공동체에 우려를 표시했다. 영국의 그같은 반응은 새삼스럽고, 놀라운 것은 아니었다.

1950년 5월 23일 모네가 본을 방문해 아데나워를 만났다. 그때까지만 해도 아데나워는 슈망플랜에 자신에 찬 확신을 갖지 못할 때였다. 모네의 구상은 반복된다. 독·불간 적대 관계 청산, 서구 민주진영에서 소련에 대한 안보, 독일의 유럽사회의 복귀….

프랑스 측에서도 이에 대한 필요성이 독일에 못지않았다. 루르 공업지대는 유럽평화의 화근이었던 독일 군국주의 전쟁 산업의 기지였다.

서독은 이미 연합국 측에 1,100만 톤에서 1,400만 톤으로 철강 생산의 증강을 요구해 놓고 있었다. 당시 프랑스의 생산 능력은 9백만 톤. 프랑스 생산은 오히려 쇠퇴할 것으로 예상되는 상황이었다.

따라서 독일의 생산 증가로 가격 인하 공세를 펴면 세계 시장을 장악할 것이 분명했다. 이를 막는 것이 프랑스로서는 과거의 악몽을 차단하는 예방책이었다.

양국은 지난 400년 동안 무려 25차례의 전쟁을 치렀다. 이것이 프랑스가 양국간 석탄·철강공동체 창설의 제안 배경이다.

모네는 양국간 실무협상에서 대표단장에 경제전문가가 참여하는 것이 바람직하지 않다는 입장을 피력했다. 그래서 아데나워는 애초 내정됐던 압스대신에 한스 쉐퍼를 보내려 했으나 모네가 탐탁지 않게 생각했다.

압스는 프랑스 측이 기피하는 인물로 여겨졌다. 서독 측 대표 선정에서 모네가 보인 수차례의 거부감에도 불구하고 아데나워는 인내력 있게 프랑스 측의 요구를 맞추려 노력한 흔적이 역력했다. 아데나워는 협상에서 유연성을 보인 것이었다. 이 점은 소련 등 동쪽과 협상대와 다른 모습으로 아데나워는 유럽 재건의 일에 있어선 실용적인 유연성을 보였다. 슈망플랜은 그 사이 이웃 베네룩스 국가들로부터 참여 의사를 전달받는 등 각광을 받았다. 1957년 유럽공동체가 움트는 징후였다. 별 기제를 못 잡는 듯한 아데나워의 외교정책이 활로를 모색하는 순간이었다.

슈망플랜이 성공할 수 있었던 외부환경적 요인으로는 한국전쟁의 발발 영향이 컸다. 슈망플랜 협상이 시작된 지 5일 만에 터진 한국전쟁은 유럽 사회에 냉전의 심화를 현실적인 과제로 주면서 안보 문제에 대한 위협을 다시 일깨워 주었다.

다른 측면에서 이미 안보대응전략이 워싱턴과 본, 영국에서 준비되고 있었지만 일이 되려니 주변에서 도와준다고 한국전쟁이 타이밍 있게 터진 것이었다.

유럽경제공동체 발족과 유럽의식의 고양

　유럽방위공동체 문제와는 달리 경제공동체 문제는 서독 내부 토론에서 거센 저항에 부딪치지 않았다. 유럽경제공동체는 야당인 사민당의 동의로 1957년 창설돼 출범했다. 군사 조약의 웅장한 문제에 비해 주목을 덜 끌었다.

　사실 장기적인 관점에서 보면 경제공동체의 문제도 군사 조약 못지않게 중요한데 말이었다. 유럽경제공동체는 세계 최초의 경제 공동 시장으로 그 역사적 의미가 중대했다.

　서독의 서구통합이라는 것도 이 기구와의 연계에서 진정한 의미가 있었다고 할 수 있다. 즉, 경제공동체는 서유럽 단결을 안정화하는 접착제 구실을 한다는 본연의 목적에서 그렇다. 경제공동체 창설을 규정한 로마 조약에 따라 유럽원자력공동체도 설립됐다.

　50년대는 유럽통합운동의 노력이 지속됐다. 냉전이라는 위기 국면이 통합을 가속화시킨 배경이 되었다. 서독은 이 같은 움직임 속에 국제사회에 점진적으로 편입되어 갔다. 물론 애초 구상되었던 유럽의 슈퍼 국가의 구상은 각국의 이해관계 상충에 따라 충족되지 못했다.

　그렇지만 서독인들에게 유럽통합 움직임은 대외적으로 안정과 항구적인 민주화의 제도적 보장을 의미했다. 이를 통해 서독 내 엘리트층은 물론 국민들 간에 유럽국가로서의 귀속감이 중대되었으며 그간 지배해 왔던 스테레오 타입의 민족의식은 그 무게를 상실해 갔다.

특히 서독과 프랑스 간에 화해가 두드러진 현상이었는데 1945년에는 감히 상상도 할 수 없었던 발전이었다. 이 같은 유럽의식의 고양이 전적으로 아데나워의 주도로 이뤄진 것은 아니었다. 장 모네, 슈망 등 유럽통합 창시자들의 노력이 지주대가 되었다.

그러나 아데나워가 이에 대한 집념과 정열을 보이지 않았다면 50년대 유럽통합 운동은 상상할 수 없었다.

아데나워와 드골

아데나워만큼 독·불 관계의 정상화를 위해 노력한 독일 정치지도자는 없다. 아데나워의 양국 관계 균형을 위한 부단한 시도는 드골이라는 위대한 파트너를 찾으면서 뒤늦게 수확을 거두었다.

1918년부터 시작해 그간 여기저기서 저항에 부딪치며 40여 년간 공들여 온 결실을 본 것이다. 아데나워가 드골이라는 정치적 동지를 만난 것은 행운이었다. 더욱이 아데나워가 미국과의 협력 관계에서 금이 가는 순간 드골이 새로운 동반자로 나타난 것이었다. 이 역시 아데나워에게는 시운이었다.

아데나워가 드골이라는 프랑스 파트너를 만나지 않았다면 외교적으로도 어려움을 겪었을 것이고 유럽의 꿈도 생각처럼 실현되지 못했을 것이다.

　사실 아데나워가 애초부터 드골에게 호감을 가졌던 것은 아니었다. 아데나워는 반드골주의자였다. 즉, 드골은 아데나워에게 썩 유쾌하지 않는 기억을 일깨워 주는 이름이었다.
　아데나워는 특히 서독 건국 이전에 조성되었던 부정적인 분위기도 드골주의 영향 탓으로 볼 정도였다. 드골이 아데나워를 이해하고 있었던 것보다도 아데나워의 드골에 대한 이해는 거의 무지상태였다고 해도 과언이 아니다.
　아데나워는 1949년 이전의 프랑스의 정신사나 정치·경제 등에 관해 정말도 깊은 지식이 없었다. 그에 비하면 드골의 아데나워에 대한 이해는 역사도 깊고 폭도 넓었다. 드골은 학생시절 독일의 검은 숲을 여행한 경험이 있었고, 1940년에서 1945년 자유 프랑스의 지도자로 대독 항쟁에 나서기도 했었다.

드골은 서독의 건국을 아데나워의 작품으로 여길 정도였으며, 아데나워에 대한 존경심이 있었다.

드골은 이미 1923년에 쓴 한 기고문에서 아데나워를 조국 독일을 구출해 낸, 독일 국민에게 자기 신뢰와 에네르기를 주입해 준 위대한 애국자라고 평가할 정도로 아데나워에 대한 관심이 컸다.

드골은 자신이 사망한 1970년에 출간된 회고록에서 아데나워를 프랑스와 관계 협력을 위해 가장 정열적으로 헌신한 가장 유능한 독일 정치가였다고 아데나워를 높이 평가했다.

두 정치가가 죽이 맞아 유럽의 나갈 길을 정확하고도 분명하게 공동 추진한 것은 어찌 보면 시운이 따랐기 때문이었다.

아데나워는 측근인 블랑캔호른으로부터 드골의 정치무대 컴백 소식을 사전에 귀띔 받고 독일이 추구해 나갈 향후 정책의 위험성을 미리 작성했었다. 독일 여론도 드골의 컴백에 부정적인 반응이었다.

민족주의자인 드골이 유럽통합의 이니셔티브들은 정지시킬지 모른다는 우려가 팽배했다. 독일 국경지대인 로트링엔에 칩거하고 있는 드골을 정치무대 전면으로 다시 불러내게 한 것은 알제리 사태였다. 알제리 사태에 난감해진 프랑스의 4공화국은 장군 출신의 드골을 요구했다.

1958년 6월 1일 프랑스 의회는 드골을 수상으로 선출했다. 드골의 수상 취임과 동시에 독·불 관계 개선을 위한 아데나워와 드골의 밀월이 시작되지는 않았다. 아데나워의 드골에 대한 비판적인 자세는 2차대전에서 독일이 패자의 대표라는데도 이유가 있었다.

드골의 취임에 미국과 프랑스는 대표를 보내 축하했지만, 아데나워가 제발로 파리로 가지 못하겠다고 버틴 것도 그러한 자존심 때문이었다.

아데나워는 프랑스 주재 미국대사에게 "나는 파리로 순례행을 하고 싶지 않다."고 말했다. 그러나 드골은 아데나워를 당시로써는 파격적인 표현이라고 할 수밖에 없는 "선한 독일인"이라고 추켜세웠다.

드골은 아데나워의 20년대 라인 국가 구상을 알고 있었다는 등 지난 30년간 아데나워의 언행에 대해 파악하고 있다는 등 지대한 관심을 보냈다. 만남을 위한 터가 조성되고 있었던 것이었다.

아데나워도 드골의 회고록을 구해다가 읽으면서 조만간 있을 드골과의 회담을 아데나워답게 면밀히 준비하고 있었다.

드골이 아데나워에게 특사를 보냈고 아데나워는 그에 동의했다. 아데나워는 이탈리아의 휴양지 카데나비아로 찾아온 프랑스 재무장관에게 "드골의 회고록을 보면 그의 성격을 파악할 수 있느냐?"고 물었다. 이에 피나이 장관은 "네, 그렇습니다. 각하"라고 정중하게 대답했다.

그 뒤 드골은 머빌 특사를 본으로 보내 아데나워를 엘리제궁으로 초청했고 그 날짜는 9월 14일이었다.

아데나워와 드골의 첫 만남은 그해 9월에 성사되었다. 장소는 드골의 고향 마을인 콜롬베. 후르시쵸프가 베를린 최후통첩을 보내오기 두어 달 전이었다. 넓은 정원으로 둘러싸인, 19세기에 지어진 고향의 이 집에서 드골은 공부도 하고, 정부 수반들에게 보내는 서신도 작성하곤 했다.

아데나워는 외무장관 하인리히 폰 브렌타노와 칼 카스텐스 보좌관을 대동했다. 당시 프랑스 외무장관 머빌은 서독대사도 역임했던 지독파였다.

아데나워는 드골과 첫 대면에서 서독 매체에서 얻은 인상과 기대했던 것과는 영 딴판인 다른 인상을 받았다. 아데나워는 내심 드골을 의심했다.

그러나 드골과 동등한 입장으로 보이려던 아데나워의 자존심은 드골의 친근함 앞에서 태양 속의 눈처럼 녹아들었다. 드골은 본능적으로 방문객에게 공손했다.

두 지도자의 만남은 성공적이었고 이는 성공적인 개인 외교로 평가됐다. 두 사람은 동년배로서 유럽사에 대한 엇비슷한 추억이 있었고 지난 30년간 유럽사의 영욕에 대한 경험을 공유할 수 있었다. 두 정상은 특히 찢겨진 유럽문화의 복원에 대해 인식을 같이 했다. 단지 드골이 국방분야에서의 위대함은 분할할 수 없다는 식의 지극히 국수주의적 톤으로 인식한대 비해 아데나워는 더 이상 민족주의적일 수 없으며 유럽피언이어야 한다는 점을 깨달았다.

그러나 아데나워가 드골과의 첫 만남에서 가장 중요하게 공유한 키워드는 카톨릭이었다. 카톨릭에서는 "화해"를 탕자의 성모 마리아에게로 귀환한다는 특별한 의미를 갖고 있다. 드골은 마주앉은 아데나워와 독일인, 그리고 자신의 면죄부를 허락할 수 있는 위치에 선 한 인간으로 간주했었다고 드골 전기 작가 장 라코뜨르는 그의 전기에서 쓰고 있다.

아데나워와 드골은 이어 닥친 베를린 위기를 넘기면서 관계를 돈독히 해 나갔다.

독·불 우호 조약을 체결하다

그해 7월 21일 아데나워는 1주일 간의 프랑스 방문 길에 올랐다. 아데나워의 특별기는 반Wahn 공항을 출발해 파리로 향했다.

차창에 비가 뿌렸다. 아데나워의 파리행에는 아들 마르크스와 딸 리아가 대동했고, 외무장관 쉬뢰더를 비롯해 정부 고위관리도 수행했다. 비행기는 오후 6시 오를리 공항에 도착했는데 파리의 날씨는 서독과는 달리 태양이 이글거리는 여름이었다.

드골을 비롯해 퐁피두 총리가 공항에서 아데나워를 맞는 모습은 정중했고 아데나워는 영접에 감동했다.

아데나워는 드골과 함께 프랑스산 시트로엥차에 올라탔다. 무개차였다.

드골은 아데나워의 파리 도착 시간을 일부러 오후로 잡았는데 그것은 많은 파리 시민들이 거리에 나와 아데나워의 파리 도착을 환영할 수 있도록 하기 위해서 였다.

거리에는 프랑스 공산당 지지자들이 아데나워의 파리 방문을 항의하는 시위를 벌이는 모습이 보였으나 이는 아데나워의 파리 도착 풍경에 티가 되지는 못했다.

드골의 아데나워에 대한 따스한 배려는 회담장인 엘리제궁으로 아데나워가 들어갈 때 정문을 이용하지 않고 국가원수들 전용문인 정원 쪽 명예의 문을 이용했다는 사실을 통해 함축적으로 이야기해 준다.

아데나워는 몇 가지 사안들인 유럽정치통합 활성화, 영국의 유럽공동체 가입, 동·서간 방위 문제, 대불 관계 그리고 독일의 나토 가입 등에 대한 의지를 갖고 회담에 임했다.

아데나워의 프랑스 일정은 촘촘했다. 첫날 드골과의 회담. 이어 점심은 퐁피두 총리가 냈고, 저녁에는 국빈 만찬이 베풀어졌다.

화려한 엘리제궁에는 정부 관계자를 비롯해 외교사절 등 2천여 명의 각계인사가 참석하는 대성황이었다. 만찬이 열렸던 7월 3일은 프랑스에서는 또 알제리의 독립이라는 역사적으로 중요한 날이기도 했다. 드골은 골치 아픈 문제를 하나 푼 셈이었다.

아데나워는 건강이 썩 좋은 상태가 아니었음에도 밤 12시가 되어서야 잠을 청할 수 있었다.

이튿날도 드골과의 회담이 있었다. 드골의 연설문은 참석자들을 감동시키며 침묵 속으로 빠뜨렸다.

드골은 독·불간 적대 관계를 회고하면서 "수상 각하, 독일과 프랑스 양국에 아데나워 수상 각하의 프랑스 공식 방문은 이곳 파리에서 진실의 시간입니다. 이 진실은 존재할 수 있는 가장 행복스러운 것입니다. 우리 프랑스는 양국이 굳건한 친구가 된다는 엄청난 격변을 환영합니다.

우리는 당신이 각별한 성공의 역사적 창조자임을 환영합니다.” 라고 말했다.

아데나워는 이어 드골과 세느 강에서 유람선을 탔다. 그날 파리의 밤은 웅장하면서도 감동적인 밤이었다. 드골은 아데나워를 파리 오페라에 초대했다. 이때까지 파리 오페라에 그렇게 많은 검은 승용차가 줄지어 도착하고 파리 사교계가 들썩였던 적은 드물었다.

밤 10시. 베르디의 오페라 아이다의 승리 행진곡 연주가 끝나자 아데나워가 드골과 함께 입장했다. 거대한 박수의 물결.

그 자리에 동석했던 아데나워의 비서 포핑가는 파리 국립오페라단의 독일 국가 연주만큼 가슴을 뒤흔들었던 것을 들어보지 못했다고 술회했다. 이어 프랑스 국가가 연주됐다.

아데나워는 완전히 마법에 빠져드는 기분이었다. 아데나워는 “누군가 15년 전에 파리에서 이런 영접을 했다면 나는 그걸 받아들이지 않았을 것이다.”라고 뒷날 회고했다.

아데나워의 파리 방문은 타이밍에서 적절한 것이었다. 이는 독·불 관계 발전의 정점을 의미하는 것이고, 드골이라는 위대한 프랑스인이 없었던들 불가능했다는 의미이기도 했다.

아데나워는 이어 프랑스 지방 방문에 들어가 뤼엥과 보르도 등을 차례로 들렀는데 도착하는 곳마다 열렬한 환영을 받았다. 아데나워의 프랑스 방문은 드골과 함께 림스에서 양국군 합동 퍼레이드를 화려하게 사열하는 것으로 대단원의 막을 내렸다.

* * *

아데나워는 본으로 돌아오자마자 드골에게 사신을 띄웠다. 프랑스 방문 시 환대에 대한 감사와 프랑스 방문의 의미를 정리하는 것이었다.

"프랑스 방문의 일주일은 제 가슴 깊숙이 각인됐습니다. 내 가슴은 각하 드골과 내가 만난 프랑스인, 그리고 '프랑스'라는 나라로 온통 채워졌습니다. 특히 방문 마지막 날 림에서의 장면은 내 눈앞에서 생생히 어른거리는 것 같습니다.

드골 각하, 나는 당신이 나의 체류 시 세세한 부분까지도 일일이 세심하게 배려해 주었다는 사실을 잘 압니다. 그게 나를 진심으로 당신에게 감사하도록 재촉합니다."

7월 15일 자 드골의 답신은 자필 서신이었다.

아데나워는 그 서신에서 자신의 1주일간 프랑스 방문을 "결정적인 역사적 사실로 평가하면서" 전 분야에서 양국간 협력이라는 정치적 사건을 만들기 위해 양국이 얼마나 희망했는지를 알았다고 화답했다.

* * *

    그해 12월까지 독·불 양국 협상 실무자들은 양국 장래 문제에 관한 토의를 마무리 지었다. 10월 드골의 서독 방문기간 중 조약은 잠정 합의에 이르렀고 아데나워는 매우 만족했다.
    그러나 당내 대서양 연대를 주장하는 미국 지지자들의 반응은 다소 달랐다. 이 무렵 드골은 그동안 독·불간 관계 개선과 맞물려 미해결로 남아 있던 영국의 유럽공동체 가입 문제에 대한 결단을 내렸다.
    드골은 가입 조건을 둘러싼 영국의 입장이 기존 6개 회원국과 너무 상이한 점을 영국 회원 가입 불가의 이유로 내세웠지만, 그 내막에는 다른 중대한 이유가 있었다.
    드골은 영국의 맥밀런 수상이 미국의 케네디와 핵협정을 체결한대 분노한 것이었다. 미·영간 협정 내용은 미국이 영국에 해상용 미사일을 제공한다는 거였다.
    프랑스는 다음 해 나토와 별개로 핵무기 제조를 선언했다. 서독의 입장에서 미·영·불 간의 이 같은 갈등 기류는 특히 미국파들에게는 부담스러운 것이었다. 그래서 아데나워의 측근들은 아데나워에게 드골이 마음을 바꾸도록 노력해 줄 것을 요청했다.
    심지어 아데나워가 독·불간 우호 조약의 서명을 위해 파리에 도착했을 때 프랑스의 장 모네도 아데나워에게 드골이 입장을 바꾸어야만 서명할 것이라고 주장했다. 그러나 이를 달성하기에 그 소문난 아데나워의 설득력도 별반 효과가 없었다.

　1963년 1월 22일 아데나워와 드골은 역사적인 양국 우호 조약에 서명했다. 이는 아데나워에게서는 드골이 독일을 제물로 소련과 거래하는 것을 방지하는 것이라는 이해관계가, 드골의 입장에선 서독이 동맹 관계를 떼어놓는다는 상호 이해관계가 맞아 떨어진 결과였다.

　적어도 초기에 양국 조약은 새로운 시대의 개막이라는 기대와 실망이 도래할 것이라는 우려와는 달리 수 세기간 불신과 적대의 종식을 의미하고 있다 하겠다.

　드골과 아데나워는 우호 조약에 서명하면서 "양국민 간의 화해는 수 세기에 걸친 적대 관계의 종지부를 찍고 양국민 사이의 관계를 심오하게 바꾸어 놓는 역사적인 사건임을 확신한다."고 선언했다.

　조약 내용은 이렇다.
　1. 양국 정상은 필요하다면 1년에 두 차례 회담을 갖는다.
　2. 양국 외무장관은 적어도 3개월에 한 차례 회담을 갖고 외무 당국자들은 매달 만난다.
　3. 정례 회담은 국방, 교육, 청소년 등의 분야에서도 열린다.
　"협력의 조직과 원칙"을 규정한 이 문서는 다음의 내용으로 이어진다.
　양국 정부는 중대한 외교정책의 결정 이전에 협의를 가지며 가능한 공동 입장을 취하기 위해 공동 관심사에 우선적으로 협의한다.
 이러한 협의는 정치 경제 분야에서 동서 제반 관계, 북대서양 조약 기구에서 다뤄진 사안들, 전략·전술 분야에서 양국은 공동의 독트린을 위해 노력하며, 군 관계자의 상호교류를 증진시킨다 라는 내용을 담고 있다.
 유럽의 두 축이라 할 수 있는 독·불 우호 조약은 양국 간의 구체적인 화해를 규정함을 물론 유럽의 운명은 소련이나 미국의 서유럽에 대한 영향력을 제한하는 데 있다는 속셈이 담겨있어서 그 시대적 의미가 컸다.
 림 성당에서 우호 조약 체결을 축하하는 행사가 열렸다. 아데나워는 7개월 만에 다시 찾은 것이었다. 그날의 목격자들은 경축 행사를 "두 노인네의 결혼식이었다."고 촌평했다.
 두 위대한 유럽 지도자는 성당 제단 앞에 결혼을 서약하는 신랑, 신부처럼 나란히 무릎을 꿇고 앉았던 것이다.
 아데나워는 이날 드골에게 한 가지 사실을 간청했다.
 "나는 드골 대통령이 프랑스와 자신의 영향력을 과소평가했다는데 주목했다. 드골 장군은 프랑스가 사랑받고 평가받는 미국에서 대단한 인기를 누리고 있다. 영국에서는 더하다. 나는 미국인들이 드골을 필요로 하고 있다고 믿는다. 케네디도 유럽위원회의 이점을 알고 있다. 나는 간청했다. 개인의 영향력이 모든 것을 바꿀 수 없을지 모르지만, 사태의 과정에 영향을 미칠 수 있다."
 아데나워는 드골이 대서양 연대로의 복귀는 아니더라도 떠나지

▲ 1962년 7월 랭스 대성당 드골-아데나워 화해의 미사

말 것을 간접적으로 요청한 것이다. 즉, 드골이 그의 퍼스낼리티와 정책의 지혜로서 미국인에게 영향력을 행사해 줄 것을 간곡히 부탁한 것이었다.

드골과 아데나워는 역시 유러피언이었다. 아데나워는 귀국해 1월 23일 국민들에게 이렇게 보고했다.

"4백 년 이상 양국 간에는 긴장과 갈등이 있어 왔습니다. 나는 국민 여러분께 프랑스와 싸워 우리가 패자였던 전쟁이 그리 먼 과거 일이 아님을 상기시키고 싶습니다. 독·불간에 진정한 화해가 존재하지 않는다면 유럽도 존재할 수 없습니다.

나는 이 조약이 전후 시대에 가장 중요하고 가치 있는 조약이라고 생각하는데 확신합니다. 나는 독·불 조약이 양국민에 이득을 갖다 주고, 유럽과 세계 평화에 이득을 갖다 줄 것임을 절대 확신합니다."

독·불 우호 조약은 아데나워의 마지막 외교 치적이었다. 국내에는 슈피겔 사건의 여진이 남아 있었고, 당내에선 후계자 문제로 시끄러웠다.

독일과 프랑스는 오늘날에도 유럽통합을 이끄는 쌍두마차로 핵심적인 역할을 수행하고 있다. 독일과 프랑스 축이 흔들릴 때 유럽이 소용돌이친다는 것은 오늘도 유효한 유럽정치의 역학이다.

독·불 간의 우호 관계는 긴 세월 속에 긴장과 갈등을 겪어 왔지만, 그 속내는 더욱 단단해지고 있다. 독·불간에는 격의가 없다. 만날 필요가 있을 때는 언제든지 만난다. 시라크 프랑스 대통령이 취임 후 제일 먼저 외국원수로 헬무트 콜 독일 총리를 슈트라스부르크로 초대해 취임인사 겸 회담을 가진 것도 독·불 관계의 현주소를 의미한다.

양국 간의 회담은 정례화되어 있다. 1995년, 프랑스의 핵실험 사건이 세계의 비난 여론을 몰고 왔을 때도 독일의 반응은 아주 미온적이었을 정도였는데 그 이유가 프랑스의 핵실험을 규탄하는 것보다 프랑스와 유럽통합의 공조를 유지하는 것이 더 중요하다는 게 독일의 판단이었기 때문이었다.

양국은 상호 입장을 이해하는 폭이 넓다. 1년에 두어 차례 정기적으로 양국 도시를 오가며 만난다. 특별한 격식도 없다. 지극히 실무적이다. 전통적인 적대 관계를 극복하고 선린 우호 관계를 다지면서 유럽의 중심역할을 하는 것이다.

오늘날 이러한 독·불 관계의 물꼬를 튼 위대한 인물이 바로 아데나워와 드골이다. 두 유럽주의자가 없었던들 오늘날 양국 관계는 다른 모습으로 전개되었을 것이다.

오늘날의 안정되고 항구적인 평화가 지속되며 번영과 통합으로 가는 유럽의 모습은 아데나워의 결단력에 힘입은 바 크고, 그가 없었던들 유대가 깊어지는 유럽의 모습을 상상하기 어려웠을 것이다.

독·불 간의 우호 선린 협력은 한·일 양국 관계 발전의 미래적 모델로 삼을 만하다.

chapter 10

아데나워의 통일관
— 힘의 정치학

유엔 감시하의 전독 선거 |
통일의 기회를 놓쳤는가 |
소련과 외교 관계를 수립하다 |
자르 지역을 귀속 받다 |
아데나워의 인사정책 |
이스라엘과의 화해

—
아데나워의
통일관
—

■
■
■

　아데나워는 일반적으로 독일 통일을 반대한 것처럼 알려져 있다. 즉 통일 반대론자였다는 일방적인 단정이 그것이다.
　아데나워가 정말 통일을 반대했을까. 반대라는 말은 아데나워의 생각을 지나치게 단순화했다는 인상을 지울 수 없다.
　아데나워는 일부러 통일을 방해하지 않았고, 그렇게 했다는 주장은 틀린 것이다. 아데나워가 독일 통일의 해법으로 제시되었던 중립화 방안 등을 거부했다는 사실만으로 그의 통일관을 설명하기에는 부족하다. 일단 아데나워의 통일관은 종전 후 독일이 처한 상황인식과 거기에서 나온 그의 외교정책의 구상으로 이해를 시작할 수 있다.
　아데나워가 1945년 10월 31일 서독 중부에 위치한 두이스부르크 하인리히 바이츠 시장에게 보낸 서한에 보면 그의 상황인식이 얼마나 정확했는지 예리한 통찰력을 엿볼 수 있다.

"소련은 독일의 절반을 손에 쥐는 등 동유럽을 장악해 가고 있다. 소련과 소련이 지배하는 국가들은 정치적, 경제적으로 서유럽과 대립될 것이다. 따라서 서유럽과 소련을 포함한 동유럽의 분단은 하나의 사실이다.

독일이 병들면 다른 유럽에 치명적인 결과를 가져올 것이다. 이는 독일이 소련의 이익지대 뿐 아니라 서유럽의 이해관계의 핵심에 위치하고 있기 때문이다. 중앙 통일 국가는 불가능할 것이며 바 람직하지도 않다."

"소련의 정책 목표는 단 한 가지로 간단하다. 목표는 유럽 지배이다. 그 목표의 핵심적인 대상은 독일이다. 독일 없이 서유럽의 지배는 불가능하다. 그렇기 때문에 서방은 강력해야 한다."

아데나워의 상황인식도는 당시 서독의 다른 어떤 지도자들보다도 예리하고 정확했다. 아데나워는 소련이 점령 지역을 스탈린 위성국가로 만들고 있다는 것을 미리 알아챘다.

이렇게 냉전이 공고화되면서 독일 통일은 서구통합에 이어 달성될 장기적인 목표가 돼야 한다는 것을 아데나워는 깨달았다.

아데나워는 자신의 이러한 정책을 정당화하기 위해 자신의 독특한 정치이론인 "힘의 정치"이론을 구상했다. 이 이론에 따르면 소련에 대한 어떠한 정책도 방어적이어야 한다는 것이었다.

민족주의가 강화된 소련의 팽창주의는 경제적으로, 정치적으로, 도덕적 체계에서 우수한 자유진영에 의해 균형이 맞아야 한다는 것이었다. 그렇게 되면 소련은 궁극적으로 서방의 힘에 필적할 수 없을 것이고 이어 서방에 굴복할 것이다. 오로지 그런 상황이 올 때 독일 통일은 자유와 평화 속에 가능할 것이다.

이 같은 아데나워의 "힘의 정치"이론은 반공산주의와 반데탕트의 기반을 강화시켰고 이는 아데나워를 서방진영에서 가장 도그마적이고, 반소련적인 지도자로 여기게끔 하는데 기여했다.

그러나 이런 일반적인 아데나워에 대한 견해가 반드시 유효한 것은 아니다. 아데나워는 연합국으로부터 주권을 회복한 뒤 독일 통일 문제에 상당히 유연한 입장을 보였고 1955년에는 소련과 외교 관계를 수립하는데 이르렀다.

우리는 아데나워의 이른바 동방정책에서 두 가지 차원을 읽게 된다.

첫째, 정치 이데올로기적인 것으로 아데나워는 자유롭고 평화적인 독일 통일 달성 이전에 소련과 어떤 형식의 데탕트도 거부하는 도그마적인 반공산주의로 등장하는 것이다.

아데나워는 이 같은 강력한 반공주의 입장으로 대중적인 인기를 끌었고, 우파 정당을 통합하고 실향민과 난민들을 자신의 당원으로 끌어들였으며, 나가서 미국의 애치슨 정부와 함께 외교정책에서 이데올로기적 연대를 형성했다.

둘째, 그러면서도 아데나워는 소련에 몇 차례 통일 관련 제안을 하는 등 레알 폴리티커Real Politiker, 즉 현실 정치가적인 면모를 보였다.

"오스트리아식 해법"을 비롯한 몇몇 제안은 동독에서 인권 개선과 생활 여건 향상이라는 데 중점을 두는 것이었다. 따라서 아데나워가 통일을 단념했다고 주장하는 것은 틀린 내용이다.

그러나 통일은 서구통합 다음의 목표로 우선순위에서 밀린 것은 사실이다. 즉, 정치적 우선순위에서 "평화와 자유"가 통일보다 우위에 있었다.

같은 분단국인 한국적인 상황에서 이렇게 내놓고 자신의 입장을 밝힐 수 있는 지도자는 없었다.

그렇게밖에 할 수 없는 내막의 사연을 들자면 여러 가지 있겠지만, 통일 문제를 지나치게 국내 정치적 반응과 연계해 보고 있기 때문일 것이다.

통일을 잠시 미루자는 이야기를 꺼냈다가는 그날로 정치생명이 끝날 지도 모를 일이다.

아데나워는 안보 문제와 통일 문제를 연계하지 않고, 분리해서 보았다. 어떤 대가를 치르더라도 통일을 이뤄야 한다는 맹목론적인 입장을 거부했다. 서구통합이 성공적으로 달성된 연후에야 통일이 분명하게 가능하다는 것인데 1990년 독일 통일은 아데나워의 이 같은 입론을 증명해 보여준 셈이다.

독일 통일이 시기적으로 미처 예측하지 못한 어느 날 왔지만, 통일을 가능하게 한 내재적인 힘은 아데나워 시절의 경제적, 사회적, 정치적 축적의 결과였다는 점에 대체적인 인식의 공유가 이뤄진 것이다. 다시 말해 아데나워식 통일의 장기해법이 적중했다고 해야 할 것이다.

* * *

아데나워의 통일관을 보며 분단 시대를 청산하지 못한 한국의 지도자들의 통일관을 생각하지 않을 수 없다.

한국에서 아데나워식의 통일관을 갖는 정치가가 존재할 수 있을까? 우리는 지금도 통일이 멀지 않았다는 이야기를 지도자들의 공식 연설에서 듣는다. 10년 전, 20년 전에도 듣던 바이다.

그렇게 멀지 않았다는 통일은 언제, 어떻게 올지 예상되지 않는 상황이니 국민들 입장에선 답답할 노릇이다. 물론 정치 지도자들이 국민들에게 희망을 선사하기 위해 통일 희망론을 피력하는 것일게다. b그러나 이제는 그런 식의 근거 없는 낙관주의를 청산해야 한다. 정말로 통일에 관련한 지도자의 입장에 대해선 말을 아껴야 한다. 그래야 국민들로부터 신뢰를 확보할 수 있다.

노상 통일이 다가왔다는 식이니 실제 상황이 긴박하게 돌아가 통일이 오는 상황이 되어 대국민 호소를 해야 할 때는 또 그냥 해 보는 소리겠지 하면서 국민들이 코웃음을 칠 게 아닌가.

정치 지도자들은 이 점에서 신중하고 사려 깊어야 한다. 그리고 정말로 통일 문제에 대해 현실론에 입각해 진솔하게 접근하는 신념의 지도자가 나와야 한다. 통찰력을 바탕으로 국민들을 설득하고 지지를 얻어 정책을 추진해야 한다.

그건 통일 반대론이 아니다. 한국의 정치 지도자들의 말대로라면 한국은 그간 열 번도 더 통일이 되고도 남았을 것이다.

통일이 잠시 유보되어야 한다고 주장한 아데나워는 그 점에서 위대한 지도자가 아닐 수 없다. 아데나워의 고독한 철학은 결국 통일에 재를 뿌린 게 아니라 독일 통일의 밑거름이 되었다. 즉 당시 자나 깨나 통일을 외쳐댔던들 독일이 처한 현실에서 통일이 난망하다는 것을 아데나워는 꿰뚫어 본 것이었다.

아데나워를 본따자는 주장이 아니다. 이제부터라도 통일 문제에서 돌 한 개를 놓는 심정으로 분명한 철학으로 접근하자는 것이다.

한국의 지도자들은 통일 논의에서 여론을 너무 의식하다 못해 정치적으로 이용하려는 의도가 짙다는 점을 부인하기 어렵다. 그것이 일관성을 흩트려 놓고 무시로 국민들을 헷갈리게 만드는 원인이다. 특히 대북 창구가 정부로 단일화되어 있는 현실에서 국가 지도자의 통일 철학은 그만큼 민족사에 중차대한 영향을 미치기에 그에 따른 역사적 책임 역시 막중함을 거듭 인식해야 할 때이다.

우리가 독일 통일에서 교훈으로 삼을 점이 있다면 통일을 어떻게 이뤘고 하는 절차상의 방법론이 아닌 지도자들의 통일 철학부터 옳게 하는 것이 급선무가 아닐까 한다.

1990년 독일 통일도 궁극적으로는 통일이 도래한 상황에서 결단을 통해 성취해 낸 지도력의 산물이었던 점을 직시할 필요가 있다.

흡수식 통일은 안 된다는 야당과 지식 사회 일각의 도전을 일거에 잠재우고 이때가 통일 적기라고 결단을 내린 장본인이 헬무트 콜이었다.

가정이 되겠지만 콜이 여론에 우왕좌왕했다면 독일 통일은 놓친 기차가 됐을지도 모를 일이다. 당시 헬무트 콜의 판단이 옳았다는 게 역사적 평가로 굳어 가고 있다. 그리고 콜은 자신의 정치적 대부인 "통일 유보하기로 했던" 아데나워에게 통일의 위업을 바쳤다.

이 점이 독일과 한국이 다른 모습이고, 부럽기 한이 없는 대목이기도 하다.

유엔 감시하의 전독 선거

1951년 유엔총회에 독일 통일이 정식 의제로 올려졌다. 전 독일을 국제기구의 감시하에 두고 자유 선거를 실시하자는 것이었다. 아데나워는 이 방안에 대해 연합국 고등판무관들에게 전독 선거를 위한 사실상의 전제조건이 있는지의 여부와 유엔 위원단을 통해 선거 실시를 확정해 줄 것을 요청했다.

이에 대해 스웨덴의 우덴 외무장관은 유엔 토의에서 "동독 상황을 볼 때 자유 선거가 허용될 수 없음을 우리는 안다. 지금 위원단이 선출된다면, 이는 허구의 존재가 될 것이다. 위원단은 이름 명단에 불과할 것이다. 연합국은 그들 보고에서 기대할 게 아무것도 없었다. 나는 전독 선거가 독일 통일을 위한 한 걸음으로써 그 목적에 적합할 뿐이라고 믿는다."

우덴의 제안은 성사됐고, 아데나워의 계산도 현실화됐다. 그러나 유엔 위원단의 동독 입국은 거부됐다. 유엔은 독일 문제를 의제에서 삭제해 버렸다.

통일의 기회를 놓쳤는가

아데나워는 정말 다가온 통일의 기회를 놓쳤는가? 스탈린은 1952년 3월 독일 통일을 제안했다.

그 제안에는 몇 가지 조건이 달려 있었다. 즉 중립화 통일, 모든 외국 군대의 철수와 평화 조약 그리고 독일의 유엔 가입 등이었다.

스탈린은 두 번째 띄운 각서에서도 전독 선거의 실시를 주장했다. 당시 스탈린의 제안 의도는 독일을 동맹에 소속돼 있지 않고, 블록에서 자유로운 상태로 몰고 가려는 의도였다.

당시 스탈린의 독일 중립화 통일 제의는 학계에서 지금도 논쟁으로 삼고 있는 뜨거운 테마이다.

그 논쟁의 요점은 스탈린의 당시 제안이 독일 통일의 적기였으며 아데나워로 인해 통일의 진짜 기회를 놓쳤다는 주장과 그렇지 않다는 입장의 대립이다.

통일 실기론의 주장은 그때가 정말 통일의 호기였는데 아데나워가 의식적으로 그 기회를 포착하지 않았다는 것이다.

당시 상황을 보면 독일은 독일 조약과 유럽 방위 조약의 서명을 앞둔 서구통합의 일보 직전에 있었다.

소련으로서는 서유럽에 강력한 동맹체제의 출범이라는 사실을 받아들이지 않으면 안 되는 초조한 상황이었고 여기에다가 소련과 동독의 경제적 어려움은 서유럽과의 공존을 모색하게끔 재촉하는 계기를 제공하고 있었다.

그러나 동독 수뇌부는 당시 스탈린의 제안을 쉽게 수용하지 않았다는 것이다. 동독 공산당 서기장 울브리히트는 1960년 5월 행한 한 연설에서 "1952년의 제안은 동독에 있어서 매우 위험스러운 것이었다."고 공개적으로 밝힌 바 있다.

소련의 당시 의도가 아데나워의 서방 접근을 이간시키려는 협박이었는지 아니면 진정 통일 의지의 산물이었는지 쉽사리 정답이 찾아지지 않는다.

그러나 아데나워의 입장은 분명했다. 아데나워는 그런 제안으로 인해 나타날 수 있는 희망에 대해 즉각 일축했다. 아데나워는 소련의 제안에서 "새로운 것이 없다."고 분명히 했다.

아데나워는 이 문제를 서방 점령국 고등판무관들과의 협의에서도 그리 어려움이 없이 의견을 조유할 수 있었다.

그것은 준비 중인 독일 조약문에 독일의 통일이 당장 서방의 이해 관심사가 아니라는 점이 명시될 예정이었기 때문이었다.

왜 아데나워는 소련의 제안을 기꺼이 수용하려 하지 않았는가. 중립화 독일은 아데나워가 구상하는 통일 독일상이 아니었기 때문이었다.

아데나워는 중립화 독일은 양대 강대국 사이에서 궁극적으로 소련의 소용돌이에 말려들어 갈 것이라고 보았다.

아데나워는 독일 통일은 서방의 도움으로 이뤄지지 소련의 도움으로 달성될 수 없을 것이라는 점을 의심하지 않았다.

그러나 서방의 당시 입장도 독일 통일은 먼 이야기 였다. 1953년 6월 22일 자 영국 외무부의 비밀문서에 로이드 영국 외무장관의 이런 언급이 적혀 있다.

"독일은 유럽 평화의 열쇠이다. 분단 유럽은 분단 독일을 의미한다. 유럽이 분단돼 있는 상황에서 독일이 통일된다는 것은 모두에게 위험하다.

그러기에 분단 독일은 아데나워와 러시아뿐 아니라 미·영·불에게 근본적으로 안전하다고 느끼는 것이다."

로이드의 생각은 파리나 워싱턴에서도 다르지 않았다.

아데나워는 당내에서도 소련과 중립협상을 가질 경우 유럽 방위 조약에 원점으로 돌아갈 수 있다는 두려움을 강조했다.

아데나워의 생각을 정리하면 통일의 기회를 놓친 것이 아니라 그 정반대로 독일이 서방 국제사회로 편입하는 위대한 기회를 놓칠 뻔했다는 것이 그의 판단인 것 같았다.

아데나워는 자신의 목적을 달성했고, 1952년 5월 26일 독일 조약을 그리고 하루 뒤 유럽 방위 조약이 서명됐다.

소련과 외교 관계를 수립하다

예상치 못했던 소련과의 외교 관계 수립은 아데나워에게 역사적인 사건이었고 그만큼 언론의 화려한 조명을 받았다.

1975년 독일의 한 연구소가 소련에서 아데나워의 모스크바 방문 20주년을 맞이하여 아데나워를 회고하는 여론조사를 실시했을 때 첫 번째 응답이 아데나워가 소련으로부터 전쟁포로를 인계 받은 것을 꼽았다.

아데나워의 모스크바 방문은 프랑스의 드골과의 회담 못지않게 역사적인 인상을 남겼다.

1955년 6월 7일 소련 정부는 서독 정부에 비망록을 전달했다. 그 내용인즉 외교 관계 수립을 포함하여 양국간 관계 정상화를 하자는 것이었다.

이 제안과 함께 가까운 시일 안에 아데나워 수상을 모스크바로 초청하겠다는 뜻도 덧붙였다. 대단히 이례적인 제안이었다.

외교 관계 수립은 통상 실무자들 선에서 협상을 하고 장소도 중립적인 곳을 선택하고 거기서 합의점이 도출될 때 양국 국가원수가 상호 방문을 하는 관례에 비추어 볼 때 모스크바의 제안은 공세적인 것이었다.

아데나워는 다음날 장소가 어디든지 구애받지 않겠다면서 제안에 긍정적인 반응을 보였다.

소련은 오스트리아의 중립화 조치와 국가 조약 체결에 이어 대대적인 외교 공세를 펼치고 있었으며 비공식 채널을 통해 서독 정부에 관심사를 표명해 왔다. 서독 정부는 8월 12일 공식적으로 초청장을 받았고 회담 날짜로 9월 9일을 제안했다.

서독 정부는 방문 시 사전에 조정된 의제만 다루되 그때 봐서 회담을 확대할 수 있다는 입장을 피력했다.

구체적인 의제로는 독일 통일 문제 이외에 소련에 억류돼 있는 전쟁포로와 민간인 송환 문제가 서독 정부가 계산하고 있는 문제였다.

전쟁포로 문제에 대해 소련의 8월 19일 자 비망록은 아무런 답변을 하지 않았다. 당시 독일 적십자사는 9천 명 가량의 전쟁포로가 있는 것으로 추산했다.

사실 아데나워의 소련 방문에 대해서는 일반 국민들 뿐 아니라 전문가들 사이에서도 모험이라는 의견이 많았다. "불확실성으로의 여행"이라는 표현이 그와 같은 정황을 압축적으로 나타내 주었다.

미국 외무장관 덜래스의 특사인 머첸트는 아데나워의 모스크바 방문에 앞서 본에 들러 아데나워의 방문 성과에 회의적인 입장을 전달했다. 아데나워 자신도 "냉전은 끝나지 않았다."고 규정하던 때였다.

서독 대표단은 141명이었다. 기자들은 70여 명 가량 동반했다. 서독 정부는 모스크바에서 공식행사에 사용할 메르쎄데스 벤츠 300 2대도 별도로 실었다. 모스크바에 외교 대표부가 없었기 때문에 아데나워가 탈 차량을 직접 가져가는 것이었다.

9월 8일 아데나워를 태운 비행기는 모스크바로 향했다. 주권을 회복한 신생 서독이 독자적으로 적성국에 들어가는 모험에 찬 방문이자, 감격의 나들이였다.

5천 미터 상공의 기내에서 아데나워는 광활한 소련 제국의 풍경을 내려다보았다. 대규모 숲이 지나가고, 드문드문 집단 거주 지역이 보이고, 자동차 통행이 없는 길이 끝없이 이어지다가 비행기는 모스크바에 안착했다.

공항에는 불가닌 수상이 영접을 나왔다. 소련은 국빈 방문으로 예우를 해 주며 의전에 세심한 배려를 했다. 소련 국가가 나온 뒤 독일 국가가 울려 퍼졌다.

이튿날부터 시작된 협상은 아데나워가 본에서 예상했던 것과 딴판으로 돌아갔다.

소련의 불가닌 수상에겐 전쟁포로는 없고 전범만이 있었다. 통일 문제에도 미동도 하지 않았다.

아데나워는 이렇게 가다가는 자신의 정치적 이미지에 치명적 상처가 날 것이라는 직감이 스쳤다.

협상 분위기는 험악했다. 후르시쵸프는 독일의 전쟁범죄를 들먹이며 주먹을 불끈 쥐었고 아데나워도 이에 맞서 벌떡 일어나며 주먹으로 탁자를 쳤다. 그건 누가 봐도 두 노회한 정치가의 정치적 쇼였다.

그러나 아데나워는 후르시쵸프의 도발적인 언사에 의식적으로 조용히 있었고 요구보다는 부탁의 자세를 취했다.

"제발 빈손으로 독일로 돌아가게 해서는 안 됩니다. 소련은 전쟁포로 송환 문제에 대해 독일과 협의하기를 거부했다는 성명서만 안고 돌아가는 사태가 있어서는 안 됩니다."

주먹질(?) 사건 이후 분위기 다소 개선됐다. 아데나워, 할슈타인 그리고 후르시쵸프, 불가닌 4자 회동에서 정치적 접근이 시도됐기 때문이었다.

9월 11일은 일요일이었기 때문에 회담을 쉬었다. 월요일 회담이 이어졌으나 타결 분위기는 아니었다. 독일 측에선 공동위원회 구성을 제안했으나 소련 측이 거부했다.

아데나워는 회담장을 뜰 생각이었다. 회담 분위기가 아데나워로서는 견디기 어렵게 흘러갔기 때문이었다.

소련 측에선 여전히 전쟁포로 문제는 소 귀에 경 읽기였다. 소련 측은 단지 완전한 외교 관계 수립에만 맘이 있었다.

그날 저녁 국빈 만찬이 열렸다. 장소는 크레믈린의 성 조지홀.

극적인 전환점이었다.

아데나워는 불가닌에게 소련으로부터 출국 저지를 받고 있는 전쟁포로들이 보낸 서신을 증거로 제시하면서 이에 대한 이해가 있기를 거듭 부탁했다.

불가닌은 움직이기 시작했다. 그는 이렇게 말했다.

"합의합시다. 내게 외교 관계 수립에 관한 서신 한 통 써 주시요. 당신에게 모든 것을 주겠소. 일주일 뒤에 모든 것을 당신들에게 맹세합니다." 통역이 귀를 의심하듯 갸우뚱했지만 불가닌은 거듭 모든 것을 주겠다고 말했다.

같은 시간 후르시쵸프는 아데나워 측근인 칼 아놀트에게 유사한 언질을 주었다. 문제는 아데나워에게 있었다. 서면으로가 아니라 구두로 약속을 해 주겠다는 게 소련의 의도였다.

브렌타노, 할슈타인, 블랑캔호른 등 아데나워의 측근들은 소련의 제의에 반대 입장이었다.

아데나워는 확신이 섰다. 그리고 아데나워는 이 순간 소련을 신뢰하지 않으면 당장 국내 선거가 걱정이 되었다. 즉, 외교 관계를 수립하고 전쟁포로 문제는 구두 약속을 받고 돌아왔다는 국민들의 비난이 있을 것이다.

측근들이 더 걱정이었다. 아데나워 진영은 난처하지 않을 수가 없었다. 그러나 역시 아데나워 였다. 어려운 상황에 그는 거인으로서의 지도력을 보여 주었다.

아데나워 측은 다음 날 다시 한 번 서면 약속 이행을 소련 측에 요구했으나 성사되지 않았다.

익일 협상은 전날보다도 더욱더 입장 차이만을 확인했다. 소련 측은 아데나워가 압박상황에 처해있음을 알아챘고 이 상황을 은근슬쩍 즐겼다.

야릇한 상황이었다. 아데나워와 소련 측의 이해관계는 맞아떨어졌는데 아데나워 측근들이 반대 입장이었다.

아데나워는 소련에 인내를 부탁했다. 대표단과 협의해야 한다고 말했다. "이 보소, 대표단과 협의했다니까. 대표단과 몇 가지 의문점이 있을 것이 아니요. 그것 이해하겠소."

후르시쵸프가 심술궂은 표정으로 대답했다.

"미안하오, 당신이 당신네 대표단과 이해를 함께 한다는 것을 발표해 달라고 하는데 그건 전혀 다른 문제요."

아데나워가 말을 받았다.

"그렇기는 하지만 전혀 다른 문제라고만 볼 순 없죠."

후르시쵸프가 그렇게 이야기했지만 소련 측도 어려움이 있었다. 그건 바로 서독에 있는 소련 국적인들이었다.

소련 측이 강한 어조로 서독 내 소련인을 꺼낸 것이었다. 결국, 합의에 도달했다. 그러나 독일 측에 부담이 되었다.

아데나워는 불가닌에게 두 가지 서신을 주었다.

첫째, 외교 관계 수립. 이는 아무런 문제가 없는 대목이었다.

둘째, 서독 정부의 법적 입장에 관한 서신이었는데 이는 논란의 여지가 있었다. 즉, 국경선 문제에서의 유보가 그것인데, 양국간 외교 관계의 수립은 국제 관계에서 독일의 대표권 행사에서 서독 정부의 법적 관점을 변경해선 안 된다는 내용이다.

아데나워는 원래 두 가지 내용을 한 통의 서신에 담을 생각이었다. 그러나 소련 측이 거절해 형식 문제에 얽매일 필요가 없다고 판단했다. 아데나워가 항복한 것이었다.

두 번째 조항은 당시 언론에 공개되지 않고 나중에 연방의회에서 밝혀졌다. 아데나워는 9월 22일 의회에서 유보권에 대한 진상을 공개했다.

양국이 비공개를 원하기도 했지만, 아데나워 특유의 은폐술 때문이었다. 다행히 소련이 구두 약속을 지켜 서독 대표단이 돌아온 뒤 첫 번째 전쟁포로를 실은 열차가 도착했다.

아데나워의 모스크바 방문에 대해 서방은 강한 어조로 비난했다. 프랑스의 〈르몽드〉신문은 "저항의 챔피언"인 본 정부가 이제 굴복했다고 혹평했다. 모스크바 주재 미국대사는 서독 정부가 전쟁포로와 독일 분단의 합법화와 맞바꾸었다고 비난했다.

아데나워의 모스크바행은 크레믈린 공산주의의 진상을 발견하는 계기였다. 저들의 본질을 깨닫는 값비싼 공부를 하게 된 계기가 되었다.

아데나워는 소련과 외교 관계를 수립했지만, 더 이상의 진전은 없었고 소련에 대한 기존의 생각도 바뀌지 않았다. 다만 전쟁포로를 데리고 온 것만이 큰 외교적 성과였다.

그러나 아데나워는 소련과 외교 관계를 맺으면서도 서독의 단독 대표권은 고수해 동독과 외교 관계를 맺는 나라와는 외교 관계를 맺지 않는다는 이른바 할 슈타인 원칙을 계속 천명했다. 소련과의 외교 관계 수립으로 모스크바에는 독일 대사관이 두 개가 됐다.

자르 지역을 귀속 받다

"여론 민주주의"라는 용어가 있다. 독일의 정치학자 테오도르 에쉰부르크가 개념화한 용어이다.

정치활동에서 국민들의 목소리는 대양의 움직이는 물결 같다는 것으로 정말로 다양한 현실 요소들이 국민들의 여론을 바꾼다는 것이다.

경기상황, 국제위기, 스캔달, 지방 선거 등등. 정치는 여론에서 자유로울 수가 없다. 아데나워의 집권 14년을 고찰해 보면 이 같은 현상이 발견된다.

카톨릭과 산업계가 아데나워의 꾸준한 정치적 지지 배경이 되었지만 국민들의 아데나워에 대한 신임의 목소리는 예외 없는 부침이 있어 왔다는 규칙성이 발견되는 것이다. 아데나워는 자르 지역 귀속 문제에서 국민들의 목소리를 다시 끌어 올렸다.

사실 아데나워는 모스크바 방문에서 돌아온 이후 여론의 냉랭한 반응을 겪어야 했다.

우리가 너무나도 잘 알고 있는 『마지막 수업』이라는 소설이 있다. 시대적 배경은 보불 전쟁에서 패해 알사스 지방을 빼앗겨야 하는 운명에 처해 있는 독·불 국경 어느 프랑스 마을이었다.

알퐁스 도데의 그 짧은 소설은 조국을 잃은 프랑스의 한 교실에서 프랑스어로 마지막 수업을 하는 장면을 뭉클하게 기록하고 있다. 조국을 잃더라도 모국어는 잃지 말자는 내용이다.

보불 전쟁에서 패한 프랑스 알사스 지방에서 벌어진 실화이다.

모국어를 빼앗기게된 피점령국의 슬픔과 고통을 철부지 어린아이의 눈을 통해 생생하게 묘사한 『마지막 수업』은 바로 숙명의 독·불 관계 속에서 탄생한 감동의 작품이다. 이는 '전쟁은 명작을 탄생시킨다.'는 말을 실감케 한다.

알사스는 로렌 지방과 꾸러미로 취급되어 왔다. 독·불간 역사의 부침은 그렇게 거듭해 왔다.

자르 지방은 바로 로렌 지방을 일컫는 것이다. 1955년까지 독일 정부는 자르 문제에 대해 신경 쓸 여력이 없었다. 주권 회복과 유럽통합 등 큰 정치적 현안에 가려 있었기 때문이었다. 자르 지방은 1947년 프랑스 정부의 결정에 따라 독일에서 분리되었다.

1950년 프랑스는 "자르 회의"에서 이 지역을 법적으로 프랑스에 편입시키려 시도했었으나 서방의 반대로 좌초했다.

프랑스로서는 이 지역의 석탄산업이 지대한 관심사였다.

자르 지역은 특수 지역으로 지정됐다. 자르의 중심도시인 자르뷔르켄에 몬탄 유니온의 사무실을 두자는 자르의 유럽화 방안이 프랑스의 슈망에 의해 제안되기도 했으나 성사되지 못했다.

자르 귀속 문제에 대한 서독 내의 여론은 부정적이었다. 자르 문제가 서독에 부담을 지울 것이라는 우려가 있었다.

당내 부총재인 야콥 카이저를 비롯해 알트마이어 팔츠 주지사도 자르 문제에 대해 아데나워와 의견을 달리했다. 여론조사에서도 단연 프랑스 귀속의 지지가 높은 것으로 나타났다.

그러나 아데나워는 적극적으로 뛰었다. 당내 행사 뿐 아니라 국제적으로도 여론을 몰아갔다. 아데나워는 자르의 서독 귀속이 국내적으로나, 국제법적으로나 서구 통합을 위태롭게 하지 않을 것이라고 설득했다.

아데나워의 자르정책은 성공을 거두어 자르 지역은 주민 투표에서 서독 귀속으로 결판이 났다. 자르는 그리하여 서독의 11번째 주로 편입이 되었다.

아데나워는 또 하나의 외교적 수확을 올렸다. 남들이 씨를 뿌릴 수 없다고 주장하는 곳에서 아데나워는 결실을 거둘 수 있음을 한껏 과시했다.

1957년 1월 1일 아침 6시 20분, 아데나워는 특별 열차에 올라 자르브뤼켄으로 향했다. 마인츠역에서 주지사 알트마이어가 동승했다. 두 사람은 중간 기차역마다 주민들의 대환영을 받았다.

자르브뤼켄에는 아데나워를 위한 대환영 집회가 열렸다.

"내 생애 가장 아름다운 날이었다."고 아데나워는 말했다.

아데나워의 인사정책

통일 독일이 현재 벌이고 있는 과거 청산 작업에서 빼놓을 수 없는 것이 구 체제인물에 대한 청산이다.

호네커가 죽기 전 법정에 섰고 그 체제에 부역한 고위직 인물들에 대한 재판이 진행 중이다. 그런데 독일 통일 인물 청산 작업 과정에서 줄기차게 요구된 사항이 이번만은 과거 청산을 분명히 해야 한다는 것, 다시 말해 전후 청산의 과오를 범해서는 안 된다는 것이 지식사회의 주문이었다.

과거 청산이라는 것이 독일 내에선 끝없이 역사 논쟁의 탁자 위에 올라 있으며 그 대상이 아데나워 시대로 맞춰져 있다. 물론 독일은 청산에서 일본과 한국 등 다른 나라에 비교하면 상대적으로 청산에 충실했다는 평가이다.

아데나워가 과거와의 타협으로 권력을 유지했다는 비난은 과거 청산에 미흡했다는, 특히 과거 인물을 어물쩍 다시 신생 서독의 요직에 기용했다는 데로 이어졌다. 이런 아데나워식의 인사정책이 서독의 체제안정에 기여한 측면도 컸다.

지금까지 비민주적인 성향의 인사를 포함해서 폭넓은 층의 정치권 편입이 광범위한 범위에서 성공을 거두었다. 시민그룹과 의사, 관료, 법률가 등 전문가 집단에서 비민주적인 인사의 대량 기용은 비민주적인 영향의 침윤이라는 위험이 도사리고 있었던 것도 사실이었다. 종전 뒤 초창기 고위급 정치인들에서는 나치 문제가 별

부담으로 작용하지 않았다.

　1945년부터 1949년까지 이른바 군정 기간중에는 연합군 측이 조직적으로 나치 인사를 배제했기 때문이다. 허나 서독 건국으로 연방 정부 부처가 생겨났을 때 연합국의 검열은 중지됐으며, 야당인 사민당도 국내 정치가 첨예화되면서 그 문제를 거의 신경 쓰지 않았다.

　여기다가 나치 당시 부역 정도가 심한 관료들을 제외하고 제3제국의 전직 관료들이 법적 취업권을 보장받았다. 거의 모든 관청 자리의 20%의 자리를 메울 인물들이 재기용의 기회를 얻었다. 이리하여 궁극적으로 아데나워 정부는 과거 나치 시대의 관료체계를 고스란히 복원하게 됐다.

　한 예로 1951년 외무부의 경우 상위직의 60%가 전직 나치 당원 출신이었다.

　아데나워가 과거 인물을 기용한 것은 전후 복구 시동을 걸면서 부딪친 어려움 가운데 하나가 바로 인력 문제 때문이었다. 행정 체계의 복구와 지원 없이 전후 복구사업은 체계적으로 원활하게 진행될 수 없음은 명약관화했다. 아데나워는 당보다도 바로 관료체계에 더 큰 의미를 부여했다.

　구 시대 인물기용에 대한 비난이 쏟아지자 아데나워는 "나치 망령에 종지부를 찍자."면서 호소를 구했다.

　사실 아데나워가 지녔던 최대의 장점 가운데 하나가 동지들 뿐 아니라 정치적 반대자들에게도 호소력을 띨 줄 알았다는 점이었다.

아데나워의 과거 나치 시대 인물 껴안기와 관련해 가장 상징적인 대목이 수상실 장관 한스 글로브케였다. 글로브케는 아데나워의 핵심 측근으로 내각 업무조정과 정보업무관장 등 핵심적인 일을 장악하면서 아데나워의 실세로 군림했던 핵심 인물이었다.

그는 아데나워의 그림자였는데 아데나워가 점심 뒤 잠시 산책을 할 때도 동반할 정도로 측근 중의 측근으로 신임을 받았다. 사실 아데나워는 인사정책에 대한 관심은 엄청났고 스스로 장악했다. 그가 관여하지 않고 고위직을 임명하는 일은 있을 수 없었고, 모든 인사의 최종 낙점은 아데나워의 입에서 나왔다. 이는 아데나워가 쾰른 시장 재임 시부터 실행해 온 인사 스타일이다.

그렇다고 아데나워는 자기사람을 봐주는 식의 인사따위는 하지 않았다.

글로브케는 도대체 어떤 인물인가. 아데나워가 그를 수상실 옆방으로 데려오면서 휘말린 전력 시비는 그가 나치의 관료 경력이 있다는 대목이었다.

글로브케는 1929년부터 나치의 내무부 요직에서 근무했으며 그때 인종차별법인 "뉘른베르크 법"을 기초했다는 게 과거 오점으로 지적되고 있다.

그는 최악의 상황을 막기 위해 취한 당시로써는 어쩔 수 없는 선택이었다고 변호했다. 글로브케는 종전 후 이미 아헨시청에 다시 근무하게 되는 등 사실상 과거 경력에 관계없이 관료업무를 재개했다. 그에 대한 검증이 그간 여러 차례 이뤄졌으나 그때마다 나온 이야기는 글로브케가 수행한 3제국에서 공직 업무라는 것이 빙산의 일각에 불과하다는 면책론이었다.

아데나워가 그를 막강한 권력의 심장부로 불러들인 것은 그의 고도의 권모술수라는 측면이 강했다. 즉, 글로브케가 인종차별법에 관여했든 안 했든 시비를 떠나 핵심위치에 앉는 관리들은 보스에 대한 충성도가 우선이었기에 그 점에서 글로브케가 전격 발탁된 것이었다.

또한, 글로브케가 자신의 전력 시비로 말미암아 아데나워 자신에게 더욱 충성을 할 것이라는 계산을 아데나워는 하고 있었는지도 모르는 일이었다. 아데나워는 글로브케의 수상실 차관 임명을 철회한 적이 있었다.

1949년 12월, 아데나워는 당 동료인 야콥 카이저에게 보낸 서신에서 글로브케의 임명을 재고한다는 입장을 밝힌 바 있다.

글로브케에 대한 평가 역시 아데나워가 애초 의도했던 바에서 크게 어긋나지 않았다. 관찰자들의 평가는 글로브케가 아데나워와 연령 차이 뿐 아니라 업무 위치에서 오는 한계를 존중했었다고 말했다.

명석한 법률가이자 타고난 행정가로서 글로브케는 14년간을 아데나워와 분리할 수 없는 위치에서 권부를 지휘했다.

글로브케는 아데나워를 위해 내각의 각 부처와 정보부 그리고 언론사 편집국, 이익단체에 촘촘한 정보망을 구축해 아데나워가 그들을 통해 세상 흐름을 일별해 볼 수 있도록 해 놓았다.

글로브케는 거미줄같이 형성된 정보망을 통해 남보다 먼저 세부 사항까지 파악했으며 이를 토대로 내각 회의에서 정책 반대 그룹에 대한 맞대응 논리를 치밀하게 펴나갔다.

글로브케의 히틀러 시대 전력 시비가 붙을 때마다 아데나워는 아랑곳하지 않았던 것이 바로 그의 충직한 업무 태도에서였다. 글로브케는 철저하게 상관인 아데나워의 그림자 아래서 몸을 숙이며 지냈다.

아데나워의 인물론을 극명하게 관찰할 수 있는 대목이다. 아데나워는 주변에 정치 이론가나 독자적이고 두드러진 재능의 인물을 필요로 하지 않았다.

아데나워는 행정적인 일을 능히 감당해 낼 수 있는 재능이 있는 조력자를 찾았다. 자신에게 절대적인 충성을 바칠 수 있는, 개인적인 야망에서 벗어나 있는 인물을 택했다는 것이 아데나워의 인물 간택론이었다.

글로브케가 아데나워가 찾아낸 가장 이상적인 조력자 스타일의 인물이었고 그래서 글로브케는 권위의 도전을 용납 못 하는 아데나워와 긴 세월 밀월을 나눌 수 있었다.

아데나워가 자신과 나치 과거를 가진 인사들과 금을 긋는 것을 거부하는 것은 독일 국민들의 내적 분열을 바라지 않는 것으로 그 이유를 설명했다. 그러나 아데나워는 공산주의와 반공산주의 인물 간의 선만은 분명하게 그었고 그것을 구분하는 일은 오히려 강력하게 추진했다.

이스라엘과의 화해

　독일이 전범국으로서 이웃 국가들에 대한 배상은 같은 전범국인 일본과 사뭇 비교된다. 독일은 지금도 전쟁 책임과 사죄를 분명하게 가해자의 반성에서 일관하고 있다.
　독일의 이 같은 입장은 정치 지도자들의 사죄에 대한 명확한 인식에서 나오는 것으로 툭하면 망언이나 일삼는 일본의 저급 정치인들과 질적인 차이를 보여주고 있다. 두 패전국이 경제 부흥을 이뤘지만 이 점에선 독일이 선진국이다.
　아데나워가 이 문제의 선봉에 서 있었다. 아데나워의 이스라엘과의 화해 입장은 독일 국민 모두가 나치에 책임이 있는 것은 아니지만 도덕적 책임을 면할 수 없다는 데 근거를 두고 있다.
　"독일 국민 절대다수는 유태인에 가한 범죄 행위를 부끄러워하고 있다. 그렇다고 독일 국민 모두가 거기에 가담하진 않았다. 그러나 도덕적, 물질으로 배상할 책무가 있는 말로 형언할 수 없는 범죄가 저질러졌음을 독일 국민의 이름으로 시인한다."
　아데나워는 거센 반대와 위협에도 불구하고 결단력으로 소신 있게 전후 배상을 추진했고 이는 결국 독일이 국제사회에서 전범의 낙인을 털고 다시금 구성원으로 동참하는 계기를 만들어 주었다.
　말 한마디가 천 냥 빚을 갚는다는 사실은, 독일이 일본처럼 사죄를 한다는 것인지, 아니면 못 한다는 것인지가 분명하지 않고 모호하게 어물쩍 넘어가는 태도를 떨쳐버림으로써 그 몇 배의 무형의 이득을 보고 있는 셈이다. 그 대표적인 예가 군사력 부분이다.

일본은 오늘도 군국주의 망령에 대해서 이웃국가들로부터 엄중한 경계를 받고 있다.

이에 비해 독일은 전후 사죄를 분명히 하고 자신들의 군사력 부분에서 이제 국제분쟁에 개입할 수 있는 상황까지 국제사회에서 동의를 얻어내는 데 성공했다.

이스라엘과 배상 협정은 1950년 12월에 시작해 1952년 9월에 조약을 맺었다. 아데나워는 여러 가지 회담을 목적으로 수차례 런던을 방문했지만, 1950년 12월 6일 겨울날의 런던행을 잊지 못한다고 회고했다. 아데나워는 삼엄한 경호 속에 그날 호텔 클레지에 도착했다.

세계 유태인협회 나훔 골드만 회장과 만나기 위해서였다. 아데나워가 이스라엘과 직접 전후 배상 문제에 대한 협상을 시작할 수 없었던 것은 나치 독일이 유태인에 대해 만행을 저지를 당시 이스라엘이라는 국가가 국제법상 존재하고 있지 않았기 때문이다.

골드만은 "내가 여태껏 가졌던 회담 가운데 감정적으로 가장 어렵고 정치적으로 가장 의미심장한 회담이었다."고 회고했으며, 아데나워는 "나는 런던의 그 호텔 방에서 세계사의 비약을 온몸으로 느꼈다."고 했다.

골드만 회장은 호텔 뒷문의 계단을 통해 아데나워를 만나러 호텔 방으로 올라갔다. 아데나워는 골드만과의 회담에서 "독일 연방정부는 이스라엘 정부가 1951년 3월 12일 비망록에서 요구한 요구를 협상할 용의가 있다."고 밝혔다.

　아데나워의 이스라엘 배상에 대한 입장은 독일의 책임을 인정하면서도, 이스라엘 측이 요구하는 나치 범죄 행위에 대한 독일 국민 전체의 집단책임이라는 내용에는 반대의사를 분명히했다.

　이스라엘 측의 요구는 15억 달러. 이 금액은 독일이 서방으로부터 받은 전후 부흥 기금인 마샬 플랜의 절반을 초과하는 엄청난 금액이었다. 이와 함께 상환 기간도 협상의 쟁점이었다.

　아데나워는 내각과 구체적인 협의가 없이 독자적으로 이런 의사 표시를 한 것이었다. 아데나워의 독자적인 추진으로 양 측간 실무 협상 시 실무대표들이 상당히 애를 먹기도 했다.

　내각과 연립 정부 내에서 거센 반대가 일었다. 기사당의 프란츠 요셉 슈트라우스는 아데나워의 약속은 무책임한 것이고, 수상의 협상력에 문제가 있다고 비난했다. 아랍국가들도 서독의 대이스라엘 정책을 비난하기 시작했다.

　이스라엘 내에서도 당시 건국에 필요한 자금을 배상금을 받아 충당하자는 현실론과 함께 독일의 돈을 받을 수 없다는 감정론이 맞서 있었다. 그러나 이스라엘 협정은 1952년 9월 10일에 체결됐다.

　배상액은 34억 5천만 마르크로 12년에서 14년간에 걸쳐 갚는다는 것이었다. 아데나워가 당시로써는 막대한 금액의 배상액을 주기로 이스라엘과 결정한 배경에는 독일 경제가 호황이었다는 점이 큰 역할을 했고 그 점에서 아데나워에겐 행운이었다.

　이스라엘과 맺은, 나치의 만행을 물질적 · 정신적으로 보상한다는 내용의 조약 이름은 룩셈부르크 조약으로 되어 있다. 룩셈부르크라는 지명이 선택된 배경에는 이스라엘 측 대표단이 독일 땅을 디디기를 거부했기 때문이다.

협정 서명 최종 순간까지 쉐퍼 재무장관이 반대해 아데나워가 애를 먹기도 했었다. 이스라엘과의 조약은 1953년 분데스탁에서 정식으로 비준됐다.

비준 과정에서 야당인 사민당의 절대적인 지지가 조약 승인이라는데 결정적인 기여를 했다. 사민당의원 전원을 포함해 239표 찬성, 연정 측에서 86표 기권이 나왔다.

이스라엘과의 배상 협정은 아데나워의 화려한 첫 미국 방문이라는 길을 열어 주는 외형적 성과를 가져왔다. 즉, 아데나워는 이스라엘에 대한 배상을 분명히 함으로써 자신은 인종차별주의자가 아니라는 점을 국제사회에 인정받았고 이를 또한 자신의 정치적 성공의 밑거름으로 삼았다.

다시 말해 아데나워의 대이스라엘 화해는 그의 서방 통합 철학의 일환에서 이뤄졌다. 아데나워의 미국 방문은 언론으로부터 찬사를 받았고 결국 이 상승 분위기는 1953년 의회 선거에서 승리로 이어졌다. 이스라엘 조약의 원군이었던 사민당은 오히려 선거 패배의 쓴맛을 봤으니 역사의 아이러니라고 해야 하는가.

아데나워의 이스라엘 배상 결정은 독일의 주권 회복 못지않은 치적으로 아데나워의 재상 민주주의가 빚어낸 작품으로 평가받았다.

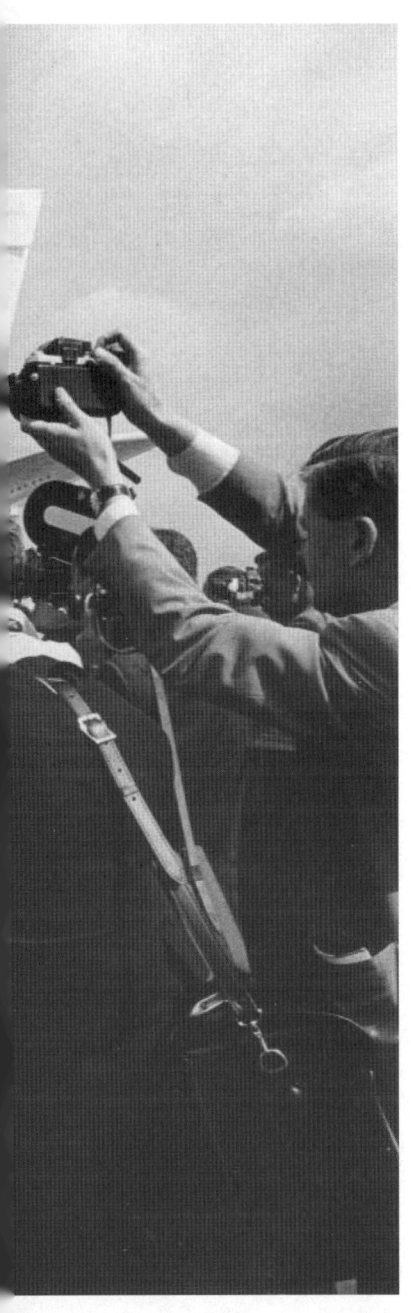

chapter 11

소련의 공세

케네디와의 마찰 |
베를린 장벽

―
소련의
공세
―

■
■
■

    1958년 11월 27일 소련의 후르시쵸프는 서방 측에 공개 서한을 띄웠다. 향후 6개월 이내 베를린 지위에 관한 새로운 합의가 도출되지 못한다면 베를린의 관할권을 동독에 넘기겠다고 최후 통첩을 가해 왔다.

    후르시쵸프에 따르면 베를린은 탈군사화된 자유 도시가 되어야 하고 서방 병력은 철수해야 한다는 것이었다. 그리하여 베를린으로의 접근로는 동독이 통제해야 한다는 게 소련의 생각이었다.

    후르시쵸프는 서방은 서독을 건국함으로써 포츠담 협정을 위반했으며 독일 문제는 양독 간의 평화 조약 체결로 해결될 수 있다고 공세를 가했다. 후르시쵸프의 통첩은 서베를린 안보에 대한 명백한 위협이었다.

    이는 또한 서독의 맹방들이 공약한 독일 통일 문제와 아데나워의 전 외교정책에 대한 위협이었다. 아데나워는 미국의 덜레스 외무장관에게 12월 11일 자 서한에 소련과의 협상에서 베를린 문제와 독일 장래 문제를 연계하는 것은 베를린의 자유를 위태롭게 하거나 독일 장래 문제에 관해 소련의 요구에 굴복할 위험이 있다는 우려 입장을 전달했다.

서방의 공식 반응은 파리에서 열린 나토 위원회를 통해 나왔다. 나토 동맹국들은 소련의 최후 통첩에 담긴 주장들을 거부했다. 이어 서독과 미국 정부는 각각 장문에 회신에서 소련의 주장이 협상의 기초가 될 수 없음을 분명히 했다. 소련의 공세는 계속됐다.

1959년 1월 10일 소련은 다시 서방국가들에 양독이 중립화로 통일된다는 평화 조약안 초안을 담아서 보냈다. 소련의 목적은 베를린 문제와 독일 문제를 연계시켜 서방의 단합을 깨자는 의도였다. 결국, 소련의 의도는 어느 정도 적중해 서방의 단합에 금이 가기 시작했다.

영국의 맥밀런 수상이 그해 2월 모스크바 방문을 프랑스와 서독 정부에게는 아무런 사전 협의 없이 발표했다. 맥밀런의 독자 행보 결정에는 나름의 이유가 있었다. 그는 독일과 독일인을 싫어했다. 그는 최후통첩에 반대하는 독일 정부의 법적 주장에 대한 이해가 부족했으며 동독을 승인할 태세까지 되어 있었다.

그는 이와 함께 독·불이 경제공동체를 통해 서유럽을 지배하려는 데 우려를 갖고 있었다. 맥밀런은 소련행을 유럽 대륙에서 영국의 영향력을 회복하기 위한 일환으로 보았다. 그러나 맥밀런의 소련행은 영국 국내에서도 깊은 우려를 자아냈다.

맥밀런의 소련 방문은 즉각적인 효과를 가져오지 않았으나 서방 내에서 정책과 의견 분열의 전주곡 역할을 하게 되었다.

아데나워의 회고록은 이렇게 적고 있다.

"영국은 불개입정책으로 서방의 단합된 전선을 깨려고 하는 것 같다. 이는 서방세계가 치명적으로 손상 받는 것을 의미한다. 그로 인해 야기되는 결과는 하늘만이 안다."

소련의 최후통첩으로 인하여 서방이 의견 일치로 대응, 과시하지 못한 채 "힘의 정치"의 약화를 보여 주었다.

케네디와의 마찰

아데나워와 미국과의 관계를 이야기하기 위해서는 미국 국무장관 덜레스 이야기를 먼저 시작하지 않을 수 없다.

2차대전 직후 한국과 일본에서처럼 미국은 서독의 후견인 역할을 했다. 아데나워와 미국과의 인연도 바로 패전을 관리할 점령군으로 진주한 미국인들과의 대면으로 시작되었다. 초기 아데나워와 미국과의 관계는 원만했다. 아데나워가 미국과 밀월을 유지할 수 있었던 배경에는 바로 냉전이라는 국제적 정치의 현실을 공유할 수 있는 미국 파트너들 때문이었다.

아데나워는 미 군정사령관 클레이 장군과도 호흡이 잘 맞았다. 그러나 아데나워의 미국 친구는 다름 아닌 덜레스 국무장관이었다. 사실 아데나워가 서쪽에서 철의 장막의 보호자로서 굳건하게 이데올로기 전선을 지킬 수 있었던 것도 덜레스의 뒷받침이 컸기 때문이었다.

아데나워가 1953년 첫 방문 이후 6차례 이상 미국 방문을, 그것도 오늘날과 같이 점보비행기가 다니지 않던 시절에 노구를 이끌고 대서양을 건너간 것도 순전히 덜레스와의 회담때문이었다. 덜레스와의 회담은 늘 생산적이었다.

아데나워는 미국인들이 서유럽방위 면에서 프랑스나 영국인보다 이해의 폭이 넓다는 것을 알았다. 프랑스가 1954년 유럽군 창설을 거부했을 때, 아데나워는 덜레스에게 자신에게 가장 훌륭한 친구들은 미국인들이라고 했다.

아데나워는 덜레스와 많은 것을 공유하고 있었는데 신심이 두터웠고, 가족에 헌신하는 가족적인 측면이 그랬다. 특히 두 사람은 공산주의에 대한 증오와 맞서 싸우는데 의기투합했다.

아데나워는 이렇게 회고했다. "덜레스와 나는 공산주의자들의 반대 급부에도 양보없이 그들에게 어떠한 양보도 있을 수 없다는 원칙에는 동감이었다."

어느 날 뉴욕타임즈의 저명한 본 특파원인 슐츠버거가 아데나워 사무실을 방문해 여태까지 만났던 인사 가운데 가장 위대한 사람은 누구냐고 물었다. 아데나워는 의자에서 일어나 벽면으로 가 덜레스의 사진 액자를 들어 슐츠버거에게 건네면서 말했다. "덜레스는 사고가 분명하다. 그는 앞을 내다본다. 그는 약속을 지킨다."

일부에서는 두 사람이 너무 가까워서 서로가 소련에 대해 유연하지 못함을 더욱 공고하게 만들었다고 혹평하기도 한다. 그러나 두 사람의 우정은 국경을 넘어서는 것이었다.

1959년 2월 덜레스는 자신이 불치의 암에 걸렸다는 것을 알았다. 덜레스가 자신의 발병 사실을 제일 먼저 알린 사람이 아데나워였다. 덜레스는 그해 5월에 사망했고, 83세의 아데나워는 즉각 워싱턴으로 날아가 그의 장례식을 지켜봤다. 이렇게 덜레스 사망 이후 아데나워와 미국과의 관계도 어딘가 모르게 삐걱거리며 마찰을 빚기 시작했다.

* * *

세상이 바뀌고 있었다. 시대의 풍경이 변하고 있음이 곳곳에서 감지되고 있었다.

국제 정세의 변화가 그 한 흐름을 전개시키고 있었다. 1961년 1월 20일 미국의 젊은 기수 케네디가 대통령으로 화려하게 취임했다.

케네디 정부의 출범은 실질적으로 아데나워에게 미국과 서독의 밀월 시대에 종지부를 찍는 서곡이었다.

미국에서 대통령 선거가 한창일 때 아데나워에게 차기 미국 대통령으로의 희망 후보는 케네디가 아니라 리처드 닉슨이었다. 이 같은 사실은 당시 미국 언론에도 공개적으로 보도되기도 했었다.

아데나워와 닉슨의 우정은 닉슨이 케네디에게 패해 대통령에 낙선했을 때 아데나워가 자신을 초청해 서독 방문을 했다는 사실을 닉슨의 『지도자들』에서 아름답게 회고했다.

닉슨 역시 아데나워를 전후 미해결이 산적한 가운데 조용하고도 인내심있는 실천력으로 국민들에게 확신을 심어준 통찰력있는 지도자였다고 평가하는 등 아데나워에 대해 신뢰가 있었음을 보여주고 있다.

당시 미국의 선거전을 관람하기 위해 아데나워의 특사로 미국에 파견된 펠릭스 폰 에카르트는 아데나워에게 케네디의 참모진은 하버드대학 교수들로 구성돼 있다는 보고를 했고 아데나워는 미국의 선거전 전개 양상을 진지하게 받아들였다.

아데나워는 그 보고를 듣고 만약 케네디가 당선되면 좋지 않을 것이라고 예감했었다. 왜냐하면, 하버드 교수들은 이론가들이어서 정치적 현실을 이해하지 못할 것이라는 판단을 했기 때문이었다.

미국의 케네디는 40대 기수로 미국의 세대 교체 바람을 몰고 왔다. 드골, 맥밀런 그리고 후르시쵸프 등 노정치가들이 아직 현역으로 뛰고 있었고, 서독에서도 에어하르트, 뤼브케 등이 아직 현역으로 건재했다. 하지만 당의 주요 포스트에 4·50대 젊은 세대들이 차고 올라오고 있었다.

아데나워와 케네디는 어느 면으로 보나 부조화였다. 특히 아데나워는 케네디와 비교한다는 자체가 불이익이었는데 그것은 사민당에서 브란트라는 차세대가 케네디와 유사한 이미지를 구축해 나가고 있었기 때문이었다.

　브란트와 케네디 사이에는 많은 유사점이 있었다. 젊고, 미남형에, 유머 감각이 넘치고, 기자들에게 인기가 있을뿐더러 지식인 사회에서도 매력으로 작용했다. 특히 정치적 유사성에서 눈에 띄는 비슷한 성향을 보였다.

　두 정치가는 국내 정치적으로 진보적 의미에서 자유주의적 성향이었으며, 대외정책의 측면에선 모험적인 강경 입장과 긴장 완화의 복합적인 입장을 취했다.

　아데나워와 케네디는 연령차가 너무 커 세대 차이가 느껴졌고 더욱이 두 사람간에는 마음속의 이야기를 주고받으며 내적 교감을 이룰 수 있는 언어적 소통에서도 장애가 있었다.

　아데나워가 미국 방문 시 얻은 케네디의 인상을 "영리해" 보이고, "정열적"이었다고 호감있게 이야기했지만 그것은 어디까지나 인상기에 불과했다. 아데나워 시대가 쇠잔해 가고 있다는 것은 냉전의 양대 축인 미·소 관계를 둘러싼 국제 정세의 변화에서도 감지됐다.

　베를린 장벽의 구축으로 동독 지도부는 독일 분단을 공고히 했으며 동독으로부터 서베를린으로의 난민 탈출 봉쇄와 서방의 영향력 봉쇄를 얻었다.

　후르시쵸프의 베를린 최후통첩에 대한 서방의 대응은 동독의 사실상 인정과 함께 서독 정부의 단독 대표권을 깨는 경향을 반영했다. 미·소는 핵 문제와 관련해서 이해관계를 같이하는 분위기였다. 이러한 긴장 완화는 곧 현상유지를 의미하는 것이었다.

소련의 쿠바 미사일 위기가 좌초된 뒤 케네디의 새로운 긴장 완화 정책은 이러한 변화의 결정적인 요인이 되었다.

1963년 체결된 미·영·소 간의 핵실험 조약 금지협정은 이런 해빙 무드의 실질적인 성과였다. 이는 핵경쟁을 제한하는 최초의 조치였고 당사자들이 이해관계를 갖는 한 정치적으로 성공이 가능하다는 것을 가시화시킨 것이었다.

미·소 핵강대국의 중차대한 공동 관심사는 핵확산 방지를 위해 많은 비핵보유국이 이 협정에 가입하는 것이었다. 프랑스와 중국은 서명을 거부했다. 서독도 집권당 내 격렬한 논쟁을 거친 뒤 서명했다. 문제는 동독의 가입이었다.

동독의 이 협정 가입은 동독을 사실상 국가로서 인정하는 것이 된다는 게 쟁점이었다. 이런 이유에서 서독은 양대 블록 간의 불가침 조약을 추구했다.

아무튼, 아데나워에게 긴장 완화는 자신의 통일 정책에 대한 배반이었다. 결국, 아데나워는 대외정책에서 미국과 불협화음을 드러냈다.

1963년 아데나워는 소련에 대한 곡물 수출 금지를 내렸다. 아데나워는 정치나 경제계지도자들이 제기하는 서방과 소련과의 교역이 평화를 가져올 것이라는 주장을 비웃었다. "비지니스는 비지니스다."라는 게 그의 일관된 생각이었다.

아데나워는 "교역 그 자체만으로 평화를 담보할 수 없다. 양차대전에서 교역파트너들이 돌연 원수로 변했다."고 말할 정도로 그의 신념은 확고했다. 이에 반해 아데나워와는 달리 미국 정부에게는 곡물 수출이 소련과 정치적, 경제적 거래 가능성이었다.

서독은 긴장 완화 정책으로 가는 다음번 중대 조치인 비핵확산 금지 조약과 핵확산방지 조약을 분명하게 반대했다. 이 두 조약들은 미·소가 1965년 이래 협상을 벌여 온 것들이었다.

서독이 ABC무기를 포기했음에도 불구하고 집권당 내 고위 인사들은 단호하게 이 조약에 반대하고 나섰다. 아데나워는 "제2의 얄타"라고 규정했고, 슈트라우스는 "코미디 같은 베르사이유 조약"이라며 양대 강국의 조약을 비난했다.

당시 서독 아데나워 정부의 반발이 하도 거세 서독은 이 조약을 차기 사민당 정부에서 서명했다. 1963년 서독을 방문했을 때 케네디는 변화와 도전의 시대에 서독이 어떤 역할을 할 수 있는 지에 대한 미국의 기본입장을 제시했다.

케네디는 이런 점을 강조했다.

"양독 간 관계가 개선되는 때를 기다리며 현상유지를 하는 것만으로 충분하지 않고 죽음처럼 조용한 동독 거리의 주민들을 위해 우리의 안보가 허용하는 선에서 최대한의 협상을 통해, 모든 가능한 접촉점과 연계 가능성을 동원해 서독 사회와 연계시키기 위한 일을 하는 것이 요구된다."고 밝혔다. 통일 정책이 달라져야 한다는 암시였다.

이는 분명히 아데나워의 외교정책과 배치되는 것이었다. 그 무렵 서독의 저명한 여류 언론인 마리온 그레핀은 베를린 장벽의 건설을 "긴 잠을 위한 영수증"이라면서 분단의 고착, 장기화를 전망했다.

케네디는 당시 서독 정치가들에게는 부족했던 카리스마를 갖고 있었다. 케네디의 독일 정책이 아데나워와 다른 입장을 취하고 있음에도 불구하고 그는 서독 방문에서, 특히 베를린에서 열광적인 환영을 받았다. 케네디는 서베를린시장 브란트와 무개차로 달리며 연도에서 환호하는 시민들에 답했다.

케네디는 쇠네베르크 시청 앞에 운집한 군중들을 향해 종이 쪽지에 영어 발음으로 써 가지고 "이히 빈 베를리너Ich bin Berliner"라고 선언했다. 케네디는 "나도 베를린의 한 시민이다"라는 그 한 문장으로 미국의 안보공약과 서베를린 주민들에 대한 연대감과 일체감을 과시했다. 그것은 무척 상징적인 광경이었다. 국제 정세 역시 아데나워를 흘려보내고 있었다.

베를린 장벽

베를린. 독일의 한 시대를 이야기하면서 베를린을 삽입하지 않을 수 있을까.

독일이 통일된 지금 베를린 이야기는 전설 같은 이야기가 돼 버렸지만 베를린은 그 자체가 운명이었다. 동독땅 한가운데 고립돼 섬처럼 떠 있었으며 그 상황에서 반 쪽씩 갈라져 이데올로기적 대립을 했다. 또한 그 상황을 만들어 낸 강대국의 전후 처리 방식과 그런 운명적인 위치가 양독 간의 접근과 대화의 실마리를 제공하기도 했다는 역설. 베를린 장벽으로 분단이 공고화된 현실이었고 독일 통일을 새롭게 생각해 보게 했다. 그래서 베를린 장벽의 붕괴는 독일사를 다시 한번 사슬에서 해방시켰으니 베를린은 한 편의 드라마가 아니고 무엇이겠는가.

정치가 아데나워에게도 베를린은 역설적인 현실이었다. 베를린으로 상징되는 동·서 냉전은 아데나워의 권력 기반을 공고화했지만 그는 베를린 문제를 기민하게 대처하지 못하고 권력의 황혼을 맞았다.

베를린이 아데나워에게 1차적인 정치적 우선순위의 역할은 하지 못한 게 사실이었다. 1961년 8월 31일 새벽을 틈타 공사가 시작된 베를린 장벽의 건설은 정확하게 예견하지 못한 일격이었다. 조만간 베를린에서 무엇인가 중대한 일이 벌어질 것이라는 추측만이 난무했을 뿐 베를린 시당국도 연방 정부도 점령 서방국조차도 정확한 정보가 없었다.

아데나워는 베를린 장벽 구축소식을 그날 아침 들었다. 그는 아무런 반응을 보이지 않았다.

본의 정치무대에서 40여 년간을 공보관으로 전후 독일 수상들을 지켜본 에두아르드 아커만의 회고가 있다.

「그날 8월 13일 새벽. 나는 거실에 놓여있는 로이터통신의 긴급 타전음에 잠을 깼다. 로이터 통신은 동독이 베를린시에 장벽을 건설하기 시작했다는 소식을 긴급뉴스로 알렸다. 나는 새벽 4시 30분에 이 사실을 크로네에게 즉보했고 이 소식은 아데나워의 비스글로브케의 새벽잠을 깨웠다. 그러나 글로브케는 "당장 우리는 아무것도 바꿀 수 없다. 영감님이 더 주무시게 내버려둡시다."라고 말했다.」

그 일요일 오전 미국 상원 의원이 예정대로 뢴도르프 자택을 방문했다. 방문을 취소할 생각은 없었다. 사태는 긴박감이 흐르는 것 같았지만, 측근인 오스터펠트만이 아데나워에게 달려왔.

동독이 베를린 장벽을 구축한 배경에는 외형적으로 동독 노동인력이 대거 서베를린으로 빠져나가는 것을 막기 위함이었다. 1961년 상반기만 해도 1만 6천명이 서쪽으로 넘어갔다.

베를린 장벽의 구축소식이 전해졌지만, 서방은 24시간 동안 아무런 대응반응을 보이지 않았다. 미국의 케네디 대통령은 고향 매사추세추에 머물고 있었고, 영국의 맥밀런 총리도 공교롭게도 휴가 중이었다.

미 국방성의 관리들은 반격 준비에 들어갔으나 행동 개시를 위한 명령을 하달 받지 못한 상태였다. 이렇게 이상하리만큼 꾸물거리는 와중에서 당시 베를린시장 브란트만이 동분서주했다.

브란트는 오전 내내 베를린의 서방군 사령관으로부터 행동개시 약속을 받으려 안간힘을 쏟았다. 베를린 장벽으로부터 시작하는 브란트의 회고록은 그날 아침의 상황을 생생하게 기록하고 있다.

"1961년 8월 31일 새벽 4시에서 5시 무렵이었다. 선거 유세를 하고 뉘른베르크에서 베를린으로 오던 열차가 하노버역에 중간 도착했다. 역무원이 나에게 베를린으로부터 긴급 메모 쪽지를 전달했다.

발신인은 베를린시 비서실장 하인리히 알베르츠였다. "동독 당국이 시 경계선을 봉쇄하고 있다."는 내용이었다.

브란트는 템펠호프공항에 마중 나온 알베르츠와 경찰청장을 대동하고 포츠담광장 등 장벽 구축 현장을 직접 시찰했다. 브란트는 모스크바 당국에 항의가 전달되기까지 40시간이 걸렸고 그것도 통상적인 항의 수준에 불과했다고 기록하고 있다.

9월 1일 브란트는 케네디 미국 대통령에게 케네디가 서독의 이익과 법적 권리를 옹호해 준다는 공약을 상기시키면서 특사를 보내 서신을 전달했다. 동독은 장벽건설 이후 정책 노선을 수정해 이데올로기적 통제를 더욱 강화했다.

후르시쵸프도 21차 당대회를 통해 탈스탈린 운동을 개시했다. 20차 당대회에서 나온 스탈린 격하 운동에 대해 동조를 보이지 않앉던 동독의 울브리히트도 후르시쵸프에 가담하기 시작했다. 동독은 이데올로기적 수정 없이 경제 현대화 작업에 들어갔다.

서독이 할슈타인 원칙으로 단독 대표권을 내세우고 있었기에 동독을 인정하지 않았다. 이는 동독으로서 내부 단속하는데 효과적인 명분이 되었다.

1957년 베를린 시장에 취임한 40대의 브란트 시장은 당시 상황에 민첩하고 용기 있게 대응하면서, 특히 미국과 발 빠르게 교감을 가지면서 사민당의 차세대 주자로 부상했고 이는 아데나워에게 부담이 되었다.

당시 아데나워가 베를린 장벽이라는 사상 초유의 사태에 책임감 있게 대처하지 못한 원인을 두 가지로 분석하고 있다. 베를린 장벽이 구축되던 날 브란트는 본에 있는 연방 정부의 외무장관으로부터 한 통의 전화를 받았을 뿐이었다.

긴밀히 협력해야 한다는 한마디가 전부였다는 것이다. 베를린 사태로 인해 핵전쟁이 발발할 수도 있다는 우려가 있었다는 것과 아데나워의 베를린에 대한 근본적인 거부감 때문이었다는 게 그 이유였다. 아데나워는 베를린행을 의도적으로 꺼렸던 것 같다.

아데나워는 6월 동독 봉기가 발발했을 때도 각료들의 의견과는 달리 베를린행을 고려하지 않았을 정도였다. 당시 아데나워가 위기의 순간에 진정한 정치 지도자로서 처신을 하지 못했는지를 포펌가의 아데나워 자서전은 이렇게 전한다.

「아데나워는 통일원장관 레머로부터 베를린 장벽 구축에 따른 긴박한 상황을 보고하면서 아데나워가 바로 베를린에 모습을 드러내는 것이 좋겠다고 건의했다. 아데나워는 남의 이야기를 듣는 듯했다.

조반 전에 아데나워는 정원으로 갔다. 그는 장미가 커 가는 모습을 마치 공부하듯 손질했다.

"포펑가, 정원 손질이라는 것이 정치활동을 위한 도전적인 공부가 된다는 것을 아는가?" 아데나워는 비서 포펑가의 대답도 기다리지 않고 말을 이었다.

"정원 손질 작업은 인내를 요구하는 일이야. 꾸준한 작업도 요구되지. 세심하게 돌봐주어야 하고 자연스런 성장을 억지로 손대서는 안 된다는 점을 명심해야지."」

한가하게 정원 손질을 하는 아데나워가 초월적인 모습만을 보인 것은 아니었다. 베를린 사태에 대한 소극적인 심사를 반영하는 것이었다. 아데나워는 그 일요일 내내 워싱턴으로부터 소식을 기다렸다. 월요일도 기다렸으나 아무런 소식도 없었다.

아데나워는 이날 브렌타노 외무장관과 텔레비전에 출연하지 않을 수 없는 압력이 고조됐다. 아데나워는 별도리가 없었다. 안 나서려 했지만 그럴 수도 없었고 나서자니 국민들에게 딱히 설명할 무엇이 부족했다.

아데나워와 브렌타노는 그야말로 빈손으로 텔리비전에 출연했고, 이는 국민들을 오히려 실망시키는 데만 일조했다. 이 날도 아데나워는 베를린으로 가지 않았다. 그의 베를린행이 선거 유세에도 도움이 됐을 터인데도 말이다.

아데나워는 베를린 위기 사태가 발생한 이틀 뒤에야 모습을 나타냈다. 베를린 장벽 구축을 둘러싼 사태해결에선 아데나워보다 오히려 브란트가 국가지도자로서 진정한 처신을 했다.

베를린 위기는 소련의 외교 정치 공세의 정점을 이뤘고 이는 사실 베를린 분단 고착이라는 마지막 단계였다. 즉, 독일 문제는 1945년의 원점상황으로 다시 왔고 어떻게 소련을 설득하느냐가 통일 문제의 새로운 과제로 등장했다. 이는 다시 말해 아데나워를 포함해 서방지도자들에게 소련이 자기방식으로 성취하지 않는 한 통일을 반대한다는 사실을 보여주었다.

이제 베를린 장벽이 제거되지 않는다면 동·서독간 관계 조건을 변경하든, 아니면 동·서유럽 간의 관계를 새로 설정하는 대안 이외는 없는 상황이었다.

1961년 베를린 장벽 사태의 본질은 바로 이것이었다. 그러나 아데나워에게 이와 같은 결론을 도출해 내기에는 때가 너무 늦었다.

아데나워는 물러서는 시점이었고 새 인물 브란트가 떠올랐다. 독일 통일의 조건의 방법과 실용적으로 접근방식을 찾는 것이 60년대의 테마였다.

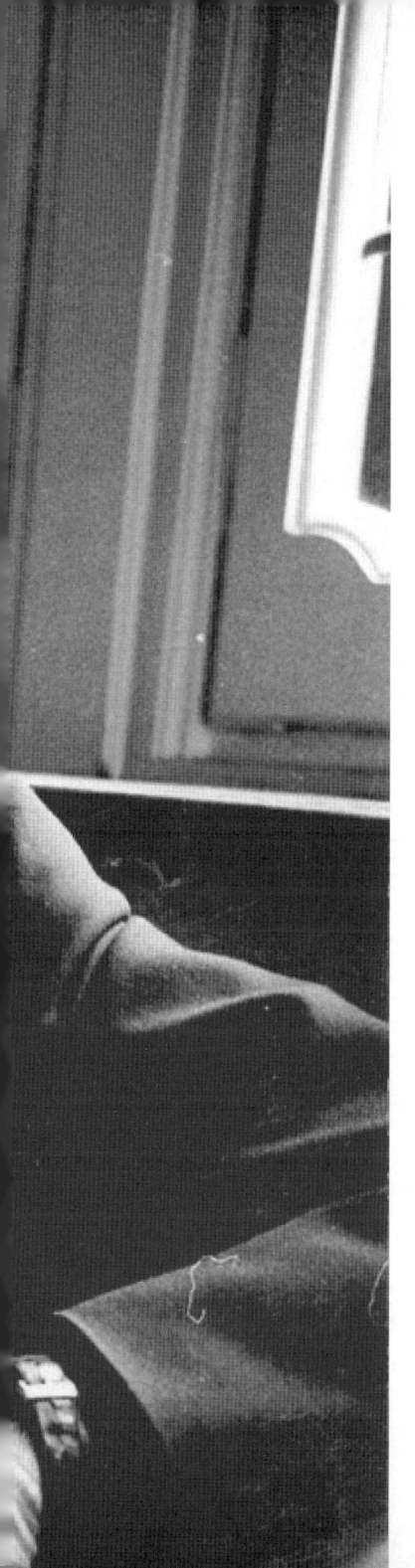

chapter 12

아데나워와 언론
— 슈피겔 사건

"테 게슈프레히" ⟨Tee Gespraech⟩

아데나워와
언론

■
■
■

　1962년은 독일 시사 주간지 슈피겔 사건으로 독일 국내 정치가 소용돌이쳤고, 이 사건에서 아데나워가 취한 해결법은 그의 국내 정책에서 결정적인 실책으로 작용해 결국 그의 권력 종말을 앞당기는 결정적인 계기가 되었다.
　슈피겔 사건은 후진국에서나 볼 수 있는 저급하고도, 어처구니없는, 비민주주적인 작태였다.
　이 사건의 당사자인 프란츠 요셉 슈트라우스는 훗날 그 당시를 회고하면서 "아데나워의 목에까지 물이 찬 것 같았다."며 아데나워에게 닥친 위기를 은유적으로 표현했었다.
　슈피겔 사건은 두 가지 측면에서 고찰될 수 있다. 하나는 언론의 자유라는 측면이요, 다른 하나는 핵전략과 방위정책이라는 측면이다.
　1962년 10월 26일 밤에 일어난 슈피겔 사건을 이해하기 위해선 슈피겔지와 당시 국방장관 슈트라우스 간의 골 깊은 악연을 소개하는 것이 순서일 것 같다.

아데나워 정부의 국방장관인 슈트라우스는 친미주의자에 철두철미한 반공주의자요, 서독의 핵방위를 공약으로 내세운 인물이었다. 사민당은 1960년 이래로 나토를 수용하고 서독 외교정책의 기반을 서구 통합으로 인정했다. 그렇지만 연방군의 핵무장에 대해선 반대했고 그래서 슈트라우스를 독자적인 방위정책의 최대 장애로 간주했다.

사민당은 슈트라우스를 극우 인물로 보았다. 슈트라우스의 수사학과 거친 매너는 많은 사람을 적으로 만들었고 그 가운데 함부르크에서 발행되는 시사 주간지 슈피겔과는 화해할 수 없는 적이었다.

슈피겔의 발행인 아우크슈타인은 슈트라우스에 대한 지속적인 공격을 통해 그를 궁극적으로 국방장관직에서 물러나게 하고 나아가 기민당과 자민당을 이간시키려는 의도였다.

자민당과 연관이 깊은 아우크슈타인은 결국 본 정부 구성에서 자유주의 색깔이라는 야망을 품고 있었다. 1947년 연합국 군정 시절 하노버에서 23살의 신출내기 아우크슈타인에 의해 창간된 슈피겔지는 급속도로 전후 서독 사회의 광장으로 자리 잡으면서 영향력을 확대해 나갔다.

1961년 4월에는 슈피겔이 이례적인 사설을 통해 슈트라우스를 민주주의를 위협하고 평화를 위태롭게 하는 인물로 평가하기도

했다.

슈피겔 기사는 당시 차기 수상 후보로 거론되고 있는 슈트라우스가 만약 수상이 된다면 그는 서독에 새로운 독재를 시행할 것이라고 혹평하기도 했다.

슈피겔의 변호사는 정부의 방위정책에 대한 비판에 동조적인 구스타프 하이네만이었다. 슈트라우스는 소송을 걸었고 그 평결은 슈트라우스의 입장을 부분적으로 옹호하는 것으로 끝났다. 슈피겔의 공세는 그치지 않아 슈트라우스와 미군이 서독건설사에 수의 계약한 사건으로 부딪치기도 했다.

슈피겔은 슈트라우스를 곤경에 처하기 위해 유능한 정치부기자를 현장에 투입하는 고전적인 전략을 써 가면서 그에게 상처를 주었다. 이 같은 양 측 간의 대립이 폭발한 것이 1962년 말 슈피겔-슈트라우스 사건이다.

그 무렵 국제 정세는 쿠바 미사일 위기로 요동치고 있었다. 소련이 미국의 앞마당인 쿠바에 장거리 핵미사일을 배치하려는 계획이 케네디 정부를 자극했다.

케네디 정부는 단호했고 결국 후르시쵸프는 긴장이 고조된지 한 달 뒤인 11월 미사일을 제거하기로 동의하면서 위기는 일단락 됐다. 그 대가로 미국은 1963년 유럽에서 중거리 미사일을 철거했다.

쿠바 미사일 위기는 전면전의 위협을 제기했고 나가 슈피겔 사건의 배경을 형성하는 요인이 되었다. 쿠바 위기는 독일에서도 또 다른 관련이 있었다.

후르시쵸프는 서방을 베를린에서 내모는 데 실패했고 서방은 베를린에서 군대 철수에 이은 양독 간의 평화조약 체결을 거듭 요구했었다. 평화 조약은 서독의 핵무기 불가라는 내용이 전제되어 있는 것이었다. 그러나 사실상에 있어서 서독은 슈트라우스가 옹호하는 것처럼 핵무기를 보유할지 모른다는 의혹이 제기되었다.

슈피겔 사건은 이 같은 배경에서 터졌다. 1962년 10월 10일 월요일 자 슈피겔 기사 제목은 "외형상 방위 준비"였다.

슈피겔지의 콘라트 알러부 국장의 기명 기사인 이 기사의 요점은 암호명 "팰릭스 62"라는 이름으로 실시된 나토 군사훈련을 취재한 것이었다. 이 군사훈련은 1954년부터 실시되어 온 훈련의 최종 훈련으로 유럽의 신전략과 연계해 전략, 중거리 미사일을 사용해 서독을 방위한다는 내용이었다.

이 기사는 슈트라우스 국방부의 자료를 근거로 나토 전략가들이 소련의 나토 시설, 특히 영국과 독일을 주 대상으로 1천 5백만 명의 희생자가 발생할 수 있는 핵공격을 모형화한 시나리오를 구체화하고 있다는 사실을 폭로했다.

이 기사는 나가 이에 대해 "서독 연방군이 즉각적으로 동원될 수 없으며 그저 서독군은 외형상으로 방위 준비상태이며 슈트라우스와 미국과의 방위 전략에도 이견이 있다."라고 보도했다.

아데나워 정부는 발칵 뒤집혔다. 문제의 기사가 나온 날 국방장관 슈트라우스는 남아프리카 공화국에서 휴가 중이었다. 아데나워와 슈트라우스는 슈프겔의 정보 출처에 대한 조사를 지시했다.

문제는 슈피겔이 확보하고 있는 것으로 여겨지는 증거를 찾는 것이었다. 아데나워와 슈트라우스는 슈피겔 사무실의 수색을 지시했다.

10월 26일 밤 9시가 조금 넘자 50여 명의 경찰관들이 슈피겔 편집국 6층으로 들이닥쳤다. 금요일 밤이었으며 그날 전격적으로 실시된 압수, 수색은 놀라운 일이었다. 그리고 야만적이고 지나친 것이었다. 당국은 슈피겔 사무실의 전화교환대까지 봉쇄한 채 일주일여를 그렇게 뒤졌다.

슈피겔지는 다음 호를 함부르크의 다른 출판사의 도움으로 찍었고, 그 내용을 사전에 검찰 당국에서 검열을 받았다. 아무런 법적 근거가 없는 야만적인 검열 조치였다.

아데나워와 슈트라우스는 이 같은 조치를 슈피겔의 아우크슈타인과 친분이 있는 볼프강 슈탐베르거에게 알리지도 않고 실행하였다. 증거를 찾지 못했다.

아데나워도 슈트라우스도 이 같은 수색 사실을 법무장관에게 알리지 않도록 담당관리들에게 지시했다. 증거 확보가 안 되었음에도 불구하고 슈피겔 발행인 아우크슈타인은 10월 27일 전격 구속됐다.

반역죄가 구속 사유였다. 아우크슈타인은 103일 동안 조사를 받다가 풀려났다. 그 당시 기사를 쓴 알러 기자는 스페인 휴가 중에 구속됐다. 슈트라우스는 스페인 독일 대사관을 통해 알러 기자를 체포하도록 지시했다.

그러나 슈트라우스는 이 사실을 부인했으나 그것이야말로 다른 어떤 사안보다 중대한 부인이었고 결국 그를 사임으로 가게 한 원인을 제공했다. 사태는 다른 국면으로 비화됐다.

문제의 국방문서가 아닌 슈트라우스가 보인 비민주적인 자세에 분노의 물결이 일었다. 슈피겔 사건이 급기야 슈트라우스 사건으로 성격이 바뀌는 듯했다.

아우크슈타인의 체포에 대한 항의가 잇따랐다. 사민당과 언론들은 슈트라우스의 처사를 나치의 언론 검열에 비교하면서 정부는 언론 자유를 침해했다고 들고 나섰다. 보수 색채의 권위지 〈프랑크푸르트 알게마이네〉신문조차도 "이 사건에서 고약한 것은 슈피겔과 언론을 당황케 한 것이 아니라 언론 자유 없이 살 수 없는 불가분의 서독의 민주주의를 당혹케 한 것이다."라고 논평했다.

사민당은 특히 정부가 법질서의 위기를 조성하고 있다고 비난했다. 지식사회에서도 거센 항의가 일었다. 교수, 작가, 문인 등 독일 식자층들이 그렇게 한목소리로 정부에 대해 반대하는 행동을 하고 나선 것은 정부 수립 후 처음 있는 일이었다. 항의, 데모, 성명이 잇따랐다.

거의 모든 독일 대학들에서 학생들은 슈피겔 사건에 대한 정부의 처사를 규탄했다. 31일 법무장관은 검찰의 압수 수색 조치를 사전에 알지 못했다고 주장하면서 사임했다. 슈피겔 사건은 정치 쟁점화 되면서 급기야 집권 연정 내에서 연정 유지 문제로 까지 뻗어 나갔다.

그러나 집권 연정은 슈트라우스 없이 그해 12월 회복됐다. 아데나워는 슈트라우스를 해임시키고 카이 우베 폰 핫셀을 신임 국방장관으로 임명했다.

슈피겔 사건은 그 뒤 80년대 당시 슈피겔지가 소련으로부터 입수한 정보를 인용해 보도했다고 배경을 밝힌 바 있다. 이는 소련이 많은 부분에서 반공주의자 슈트라우스를 죽이기 위한 소련의 전략적 의도였다.

슈피겔 사건은 아데나워의 14년 권위주의 체제에 먹칠을 하면서 약화를 가져왔다. 여기에 서독 사회에 많은 교훈을 주면서 전후 서독 정치의 변화를 예고했다.

특히 아데나워의 구 시대적 보수주의가 자유주의에 길을 내주는 상황이 조성되었고, 자유주의 성향을 띠는 북부 독일의 슈피겔지를 비롯한 디차이트 등의 언론들은 새롭게 각광을 받았다.

사법제도의 개선이 뒤따라 국가반역이나 비밀에 관한 죄목을 다루는데 자의적인 조치가 현격히 줄어드는 등 국가, 사회의 민주화라는 값비싼 교훈을 얻었다.

연방하원의장은 "하나의 금기가 깨졌다. 13년간 존속해 온 타부가. 아데나워는 그러한 타부 해체에 정말 기여했다. 그게 가장 슈피겔 사건의 확실한 교훈이다."라고 말했다.

"테 게슈프레히"〈Tee Gespraech〉

슈피겔 사건은 아데나워의 왜곡된 언론관을 극명하게 보여준 사건이었다. 아데나워의 대언론관은 선입견과 편향적이라는 표현으로 이해할 수 있다. 아데나워는 언론을 중요시하게 여기지 않은 것 같다.

아데나워는 근본적으로 기자들의 취재 업무와 언론의 과제를 민주주의에 거슬린다는 생각을 갖고 있었다. 민주주의 체제의 지주인 언론의 자유를 위험스러운 것으로 간주했다.

기자들은 당의 임무에 종속돼 있으며, 신문이라면 당 기관지를 상정할 정도로 언론관이 편협했다. 그가 이러한 언론관을 공식적으로 밝힌 적은 없지만, 이런저런 언급 속에서 그의 경도된 언론관이 드러나고 있다.

이 같은 언론관은 아마도 전후 연합국 군정 시대에 싹튼 것 같다. 당시 언론의 허가권은 점령국이 장악하고 있었는데 아데나워는 영국인들이 사민당 계통의 신문들에 호감을 갖는 것을 한탄했었다.

아데나워는 1948년 1월 26일 노르트라인-베스트팔렌 주지사인 칼 아놀트에게 이런 내용의 서한을 보낸 바 있다.

"나는 영국인들이 초당적 신문을 갖는다고 할 때 그 신문은 당연히 초당적이어야 한다고 생각한다. 다시 말해 그 신문은 정치 문제에 간여해서는 안 된다는 것이다. 신문이 어떤 식으로든 정치와의 연관은 어느 당의 입장을 지향하지 않을 수 없기 때문이다."

아데나워의 언론관을 들여다보는 중요한 틀이 바로 "테 게슈프레히"라고 부르는 것이다. 우리말로 옮기면 차 마시며 대화하는 시간이라고 할 수 있는 이 모임은 한마디로 아데나워의 언론과의 대화 시간이었다. 그러나 이는 공식적인 대언론과의 만남이 아닌 소수, 특정 언론인들과 사적인 형식으로 만난다는 것이 특징이었다.

수상관저인 샤움베를크에 작은 찻집이 한 채 있었다. 아데나워가 개인적으로, 외부 손님이 올 때 이용하는 장소로 아데나워는 이곳에 언론인들을 불렀다. 집권 초기에 아데나워가 이곳을 언론인과의 사랑방으로 활용한 것은 외부로부터 방해받지 않기 위해서였다.

아주 풀어진 분위기에서 차도 마시고 때론 포도주도 마시면서 아데나워는 자신의 생각이나 구상에 대한 반응을 떠보는 자리로써 활용했다.

뒤에는 할슈타인 홀에서 모임이 지속됐는데 여론을 탐색하고, 밖으로부터의 목소리를 듣고, 정치적 사안을 판단하는 자리로써 아데나워에게 유익한 자리였다.

이 모임의 핵심 멤버는 10여 명으로 대부분이 보수 성향의 유력 언론들이었다. 라인하르트 아펠, 루드비히 폰 단비치, 후고 그루쎈, 헤베르트 캠펠, 알프레드 라프 등등 기자들이 정기적인 참석 인사들이었다.

이들 가운데 아데나워가 제시하는 정책이나 입장에 비판적인 의견을 제시하는 사람들도 있었으나 그들은 언제나 소수였다. 아데나워의 언론정책의 특이한 점 가운데 다른 하나는 목적된 인터뷰를 활용하는 것이었다.

아데나워는 견해를 시험하고, 정치적인 시그널을 보내기 위해 인터뷰를 갖는 것을 즐겼다. 이는 폭넓은 독자층을 상대하기보다 국내외 특정 그룹을 향하는 목적성의 경우가 많았다. 즉, 자신이 구상하는 정책에 대해 이익집단의 의견이나, 여론의 반향이 어떤지 미리 떠보는 고전적인 방법이었다. 이럴 경우 여론의 반발이 심하면 꼬리를 슬그머니 내리는 것 역시 고전적인 언론 플레이인데 아데나워 역시 반응이 좋지 않을 때는 인터뷰 내용을 부인하는 수법을 썼다.

아데나워가 인터뷰 정치를 적극 활용한 배경에는 점령 치하에서 독자적인 외교적 채널의 부족을 메우기 위해 즉, 인터뷰 형식을 빌어 외교적 제안이나 입장을 띄웠다.

1949년 12월, 수상 선출 뒤에 미국의 지방 신문 〈클리브랜드 플레인 딜러〉지와 한 회견은 그같은 언론을 외교적 채널로 활용한 대표적인 사례로 꼽힌다.

그는 그 인터뷰에서 처음으로 "유럽군 내에 독일군 참여를 단호히 거부하지 않는다."는 입장을 밝혔다. 물론 그는 이 인터뷰 내용을 즉각 부인하는 전형적인 발뺌을 했지만 세상에 별로 알려지지 않은 미국의 지방 신문과 인터뷰에서 중대한 입장을 터트린 이유는 단 한 가지 였다.

당시 트루만 대통령이 아침 조반 식탁에서 그 신문을 반드시 읽었기 때문이었다. 그 인터뷰는 다름 아닌 트루만 대통령에게 보내는 메시지였다. 그러나 아데나워의 이 같은 언론관은 결국 시민사회의 거센 저항을 자초하면서 그를 정치적 구렁텅이로 몰아넣으면서 권력의 종말을 고하게 하는 결정적인 요인이 되었다.

그게 바로 군사 관련 기사에 대한 불만으로 언론인을 감옥에 잡아 가두며 온 독일을 소용돌이로 몰고 갔던 슈피겔 사건이었다. 아데나워의 왜곡된 언론관은 국방장관 슈트라우스 사건을 아데나워 스캔들로 만들었다.

"발행 부수 50만 부가 되는 언론이 조직적으로 돈벌이를 하기 위해 반국가적인 일을 저지른다면 이 나라는 반역의 심연으로……" 의회의 야유와 고함은 아데나워가 연설을 끝맺는 것을 저지했다.

"테 게슈프레히"에서 점잖은 아데나워의 모습은 어느 구석에도 없었다. 1962년 11월, 아데나워는 슈피겔 사건을 의회에서 그렇게 규정해 버린 것이었다.

chapter 13

후계자 문제

"힘의 정치"의 종말 |
후계자 에어하르트

―
후계자
문제
―

■
■
■

"힘의 정치"의 종말

아데나워의 권력에 황혼에 드리우기 시작했을 때 그의 나이는 80대 중반을 넘어서는 시점이었다.

고령의 노인임에 틀림없었다. 그러나 아데나워의 정열은 좀체 식지 않았다. 육체적으로, 정신적으로 활력을 잃지 않고 있었다는 것 자체가 놀라울 정도였다. 아데나워의 업무 시간은 줄지 않았고, 여행도 줄어들지 않았다.

그의 나이는 절대적으로 그에게 공물을 요구하지 않았다. 그는 권력을 포기하지 않았다. 그러나 아데나워는 단계적으로 권력 누수를 겪지 않으면 안 되는 궤도 선상에 있었다. 아데나워의 권력 누수는 4국면으로 진행됐다.

1959년의 테오도르 호이스 대통령 후계 문제 논란, 1961년 베를린 장벽 건설, 1962년 슈피겔 사건, 그리고 1963년 4월 집권당에서 후계자 결정에 대단원의 막이 내렸다.

국제정세 측면에서도 1954년 이래 변전을 거듭하다가 미국의 케네디 정부 출범으로 그의 시대의 종언이 가시화 되는 것이 현실적으로 감지됐다.

아데나워가 주창한 "힘의 정치"가 막다른 골목에 봉착한 것이며, 동·서간 전선이 위험한 경직 속으로 빠져 들어갔다. 미국은 동쪽의 적대자들을 쓰러뜨리지 못함을 알았고, 소련은 경제적 어려움은 물론 중국이 아시아의 강국으로 부상함에도 불구하고 핵능력을 바탕으로 초강국으로 부상했다.

케네디와 맥밀런은 소련과 대화를 모색했다. 후르시쵸프는 베를린 장벽 구축으로 동독을 인정하면서 전후 진행된 독일 정책에 일단 종지부를 찍었다.

케네디는 베를린 장벽 건설을 수용했고, 소련의 동베를린과 동독 지배권을 인정했으며 단지 서베를린만 불가하다는 선을 선언했다.

베를린 장벽의 건설은 하나의 충격이었으며 이는 아데나워 시대의 종말을 암시했다. 아데나워에게는 그야말로 재앙이었다.

아데나워가 즉각 베를린으로 날아가지 않고, 그래서 연대감과 동족애을 보여주지 못한 것이 의심할 나위 없이 치명적인 심리적 실책이었다.

측근인 오스터펠트는 "비극의 날들이었다."고 회고했다. 헬무트 콜 수상도 90년 동독사태가 긴박하게 돌아가고 있을 때 베를린 위기 당시에 아데나워가 범한 실책을 되풀이 하지 않기 위해 동베를린에 제시간에 도착하려 애썼다고 회고하고 있다.

베를린 장벽의 쇼크는 깊었다. 베를린 장벽은 아데나워가 빠져 있던 딜레마를 표면으로 완전히 벗겨 놓고 말았다.

아데나워가 독일인들에게 누차 강조했던 것처럼 독일 통일은 "힘의 정치"로 달성할 수 없다는 것을 베를린 위기는 웅변해 주었다.

서방 강대국들은 독일 통일 내지 동유럽의 현상 타개를 위해 소련과 핵논쟁의 위험을 각오할 준비가 돼 있지 않았다. 1961년 8월 31일의 참담한 교훈이 바로 그것이었다.

아데나워는 수상직의 황혼길로 접어들고 있었다. 그보다 앞서 대통령 후계 문제를 놓고 보여준 아데나워의 후계 해프닝은 국민들을 실망시키기에 충분했다.

2차례에 걸쳐 연임을 한 테오도르 호이스 대통령의 임기가 임박했을 때 아데나워는 일단 헌법개정을 통해 그를 연방의회 선거까지 붙들어 두려고 의도했었다.

호이스 대통령은 폭넓은 인문 교양적 배경으로 국민들에게서 신망과 인기가 높았다. 이 같은 아데나워의 의도는 호이스를 위한 것이 아니라 1962년 자신이 대통령이 되려는 정치적 음모로 드러났다.

이를 제때에 알아챈 호이스 대통령은 기본법 변경은 있을 수 없다고 반대했다. 그 이유는 아데나워적인 권력 동기와는 동떨어진 신선한 것이었다.

"국민들이 주시하고 있다." 호이스 대통령의 반대 이유였다.

1962년 가을 발생한 슈피겔 사건은 아데나워 자신 뿐 아니라 정부에 위기를 촉발시켰다. 불가능은 없다 라며 전진을 거듭했던 아데나워가 맞은 최대의 위기였다. 아데나워는 코너로 몰렸다.

백전노장 아데나워는 당내에서도 파워를 상실했다. 1963년 아데나워는 은퇴를 약속했다.

후계자 에어하르트

아데나워가 집권 말기에 보여준 여러 행태는 인간적인 위대함이 다소 결여된 모습이었다. 특히 자신의 뒤를 이을 후계자를 당대에서 선출하는 과정은 공정한 후계자 경쟁이라는 미덕보다는 마키아벨리스트적인 아데나워의 일그러진 모습을 보는 것 같았다.

아데나워는 당내에 지배하고 있는 다수의 의견과 다른 방향을 끝까지 고수하다가 결국 막판에 패배하는 자충수를 두었다. 한마디로 아데나워는 당 동료나 여론에 대해 "경제 기적의 아버지" 에어하르트가 수상 후보로 부적합하다는 자신의 주장을 설명하지도 정당화 시키지도 못했다.

아데나워는 자신이 후계자를 의도적으로 키우지 않았다. 차디

찬 권력의 세계에서 후계자를 키운다는 것 자체가 이상적인 생각일지 모른다. 사실 아데나워가 14년이라는 세월 동안 장기간 수상직을 수행할 것이라고는 누구도 장담하지 못했다. 건국 후 첫 총선에서 기민당이 승리했을 때 아데나워는 고령이었고 그래서 그의 주치의는 아데나워가 2년은 수상직을 수행할 수 있을 것이라는 진단까지 냈었다.

또한, 아데나워가 나이가 있기에 수상보다는 얼굴마담 역할을 하는 대통령직이 오히려 적합하다는 의견까지 기민당 내에서 제기됐었다.

아데나워는 이미 서독 기본법 제정을 위한 입법회의 의장을 훌륭하게 수행해 낸 경험도 있었기 때문이었다. 그러나 그에게 나이는 터부였다. 강력한 리더십을 선호했던 그에게 후계를 미리 키워 나간다는 것은 있을 수 없는 일이었다.

그렇지만 집권 연정 내에는 그를 이을 인물군이 형성돼 있었다. 그 가운데 바이에른 주의 대부 격인 프란츠 요셉 슈트라우스는 슈피겔 사건으로 후보군에서 도중 하차했다.

당대 명망가는 쉬뢰더 외무장관과 에어하르트 경제장관으로 좁혀졌다. 쉬뢰더는 1910년 자르브뤼켄 태생으로 39세에 연방의회에 진출한 이래 1953년부터 내무 그리고 1961년에는 외무장관으로 임명되었다.

쉬뢰더는 기민당 내 대서양 연대의 확고한 지지자였으며 만약 그가 베너와 같은 사민당원이었다면 사민당의 동방정책이 좀 더

일찍 시동이 걸렸을 것이라는 전망도 있을 정도로 기민당 내 프로테스탄트 그룹의 좌장격이었다.

집권 연정 내에서 자민당과 대부분의 기민당 의원들은 차기로 에어하르트가 아데나워를 승계 하기를 원했다.

이 같은 기류에는 늙은 아데나워가 이제는 영광스럽게 은퇴해야 한다는, 그것도 바로 결단을 내야 한다는 당내 정서가 반영돼 있었다.

에어하르트는 누구인가?

아데나워 시대는 에어하르트 시대라고 할 정도로 두 사람은 불가분의 관계를 형성해 왔다. 단지 아데나워가 세상에 빛을 발하면 발할수록 에어하르트의 이름은 잊혀졌고 묻혀졌다.

사회적 시장경제라는 처방을 들고 전후 경제부흥의 견인차로서 아데나워 정부에 합류했던 에어하르트는 라인 강기적의 공로자이다. 그러나 라인 강의 기적의 공은 사실 아데나워가 죄다 따 먹는 식이었다.

아데나워는 라인 강의 기적이 에어하르트로 거명되는 것을 싫어했다. 1897년 남부 독일 바이에른 지방의 퓌어스에서 출생한 에어하르트는 전후 연합국 군정청의 경제자문관으로 일하면서 현실 정치계로 들어서기 시작했다.

아데나워와는 1948년 4월 21일 본에서 첫 수인사를 한 뒤 그해 8월 레클링하우젠에서 열린 기민당 전당대회에서 에어하르트가 경제정책에 관한 연설을 했다.

▲ 경제부 장관 에어하르트와 함께

에어하르트의 전후 독일 경제의 해법인 사회적 시장경제는 아데나워를 매료시켰다. 사민당과 대응할 마땅한 대응 정책을 수립하지 못한 아데나워에게는 대행운의 순간이었다. 왜냐하면, 동독의 중앙 통제식 계획경제를 압도할 수 있어야 했기 때문이다.

에어하르트의 사회적 시장경제는 그의 스승인 아르막의 이론을 현실화시킨 것으로 시장경제라는 기본 뼈대에 사회적 요소를 가미시킨 독일식 자본주의 개념이다.

에어하르트는 이런 예측을 했었다.

"경제가 운명인 날이 올 것이다. 몇 년 뒤 세계는 알 것이다. 정치가 최종적인 것을 결정짓지 않는다는 것을."

에어하르트는 아데나워 정부 수립에 참여해 경제장관으로서 경제부흥을 일구었다.

경제정책에 대해 잘 모르고, 관심도 없었던 아데나워는 경제에 관한 한 에어하르트에게 일체를 맡겼다. 한국의 차기 대통령의 자질 문제와 관련해 경제대통령 대망론이 심심찮게 이야기되고 있다. 대통령이 경제지식까지 해박하면 두말할 나위없이 좋을 것이다. 그러나 대통령이 "경제 문제"에 반드시 정통할 필요는 없다. 오히려 경제지식보다는 경제를 효율적으로 운용·관리해주는 리더십을 갖춘 대통령이 요구된다고 해야 할 것이다.

아데나워도 경제는 일자 무식이었지만 서독 경제를 부흥시켰다. 그것은 에어하르트라는 적임자에게 장기간 경제를 믿고 맡겨놓았기 때문이다. 아데나워와 에어하르트의 경우는 리더십이 중요하지 경제지식이 중요하지 않다는 것을 웅변으로 보여주는 사례이다. 두 사람은 성격이나 정치적 성향이 달랐지만 그렇게 밀월을 유지했다.

사실 아데나워가 재상 민주주의라는 강력한 정치적 리더십을 추구할 수 있었던 것은 에어하르트가 이끄는 서독 경제가 그야말로 기적이라고 할 정도로 급신장하여, 궤도로 올라섰기 때문이었다.

경제적 성공이 아데나워의 정치적 성공을 담보해 주었다. 에어하르트가 예견한 것처럼 경제가 좌지우지하는 운명이 날이 왔던 것이었다. 그러나 아데나워는 수상 자리 승계를 둘러싼 문제에서 에어하르트를 밀지 않았다.

아데나워는 호이스 대통령의 후임으로 에어하르트를 밀려고 했는데 그것도 에어하르트가 차기 수상이 되는 길을 사전에 봉쇄하겠다는 정치적 계산에 의해서였다. 아데나워는 자신과 한 시대 운명을 같이하며 자신의 정치 인생에 후원자 역할을 했던 에어하르트를 공개적으로 거부한 이유는 무엇이었는가?

그것은 아데나워의 권력집착 때문이 아닌 자신의 후계자인 에어하르트가 너무 약하다는 게 이유였다. 아데나워는 이렇게 말했다. "독일 정부 수립 후 10년간 외교정책은 나의 책임과 동료들의 노력 속에 이뤄졌다. 이 중차대한 국제정세의 국면 속에 현직을 지금 떠날 수 없다."

아데나워는 에어하르트가 다른 주자들보다도 약하다고 보았다. 그러나 독·불 우호 조약 전문에 관한 연방의회 토론에서 아데나워는 패배를 맛보아야 했다.

의회에서 독·불 조약이 비준될 때 전문이 추가되는 기형적인 사태가 벌어졌다. 그 내용은 서독의 모든 상호 조약 의무들은 유효하고 나토의 대서양 동반자로 남는다는 것이다.

이는 서독을 포함한 유럽 내 몇 개국의 대서양 주의자들의 사전 협의의 산물이었다. 프랑스에서도 드골의 유럽 이상주의 정책에 반대 기류가 거세었다.

칼 마르크스의 자본론에 레이건 대통령이 서문을 쓴 꼴이 됐다는 것이다. 이는 조약 형식의 기형도 문제지만 사실 아데나워의 당내 카리스마가 사그라졌다는 권력 누수를 의미했다.

외무장관 쉬뢰더를 대표로 하는 집권당의 기민당 내 대서양연계주의 그룹이 아데나워의 보수적 외교정책 그룹을 물리친 것이었다.

이를 계기로 당대 자유진영의 목소리는 커져 갔다. 에어하르트는 1963년 4월 22일 기민·기사당 원 내 의장단 회의에서 아데나워의 후계자로 지명되었다.

아데나워가 카데나비아에서 휴가에서 돌아온 지 이틀 뒤였다. 아데나워가 없는 사이에 대세는 이미 아데나워 편이 아니었던 것이었다.

자리를 비우면 씹힌다는 시정의 우스갯소리가 바로 그 형국이 아닌가 싶다. 그날 에어하르트를 수상 후보로 지명한 회의장 분위기를 〈디 벨트〉신문은 목격자들의 눈을 통해 이렇게 전했다.

"아데나워는 지쳐 있었다. 그는 혼자 회의장을 빠져나갔다. 그를 도왔던, 그를 환호했던 측근들의 모습은 보이지 않았다. 취재 나온 언론의 초점도 그가 아니었다. 왕은 죽었다. 왕이여 영원하라." 권력의 비정함을 실감하는 풍경 묘사이다.

권력 세계에는 승자만이 있을 뿐이다. 대세를 무시하고 자신의 의도대로 무리하게 후계구도를 완성하려던 아데나워의 야심은 애초 무모한 것이었는지 모른다.

23일 열린 의원총회에서 아데나워는 에어하르트에 맞설 후보자를 내세우는 것을 시도했으나 무위로 끝났다. 무엇보다도 아데나워가 미는 쉬뢰더 외무장관은 현재로써는 수상 후보 입후보할 의사가 없음을 재차 선언했기 때문이었다.

아데나워는 에어하르트 수상 후보에 대한 깊은 우려를 재차 반복했다. 그는 의원들에게 에어하르트의 수상으로서의 부적합성을 강조했다.

후계자 문제가 제기된 1959년 이래 조금도 변하지 않은 아데나워의 입장이었다. 그러나 의원총회의 목소리는 달랐다.

아데나워는 의원들을 향해 소리쳤다.

"여러분들은 인내하는 것을 배우지 않으면 안 됩니다."

조롱하는 듯한 소란음이 들렸다.

아데나워의 외침은 아무것도 바꾸어 놓지 못했다. 수상 후보 에어하르트에 대한 비밀투표가 실시되었다. 225명의 의원 가운데 찬성 159표, 반대 47표 그리고 기권 17표. 약 3분의 2에 해당하는 의원들이 에어하르트를 수상 후보로 지지한 것이었다.

에어하르트는 수상 후보 수락연설을 했다.

"이제 더이상 누가 누구를 지지하고 반대하는지를 묻지 말고 국내적으로 유럽 정치에서 나가 세계 무대에서 우리 앞에 놓여진 과제의 충족을 위해 함께 일어섭시다.

망각과 용서의 능력은 기독교적인 의무일 뿐 아니라 인간적 위대함의 표현입니다."

에어하르트의 연설은 막판까지 치열한 전투를 전개한 아데나워를 다분히 의식한 듯한 의미를 지녔다. 그리고 나서 에어하르트는 아데나워의 동의를 구했다.

강요받은 아데나워는 결심을 하고 화해의 제스쳐를 보내며 에어하르트의 수상 후보 추대 투표결과를 축하해 주었다.

아데나워는 그리고 "에어하르트 동지, 우리 둘 사이의 관계와 관련해 나는 전력을 다해 협력할 것이며 독일 국민의 이익과 관련해 모든 것을 주겠다."라고 약속했다.

이렇게 해서 아데나워의 후계 문제는 결판이 났다. 그해 10월 16일, 수요일이었다.

연방 의회가 오전에 소집되었다.

안건은 오직 하나. 신임 수상 선출 문제.

오전 11시 15분 연방 대통령 게르스텐마이어는 의원들의 투표결과를 발표했다.

재적 의원 가운데 279명 찬성, 반대 180명, 그리고 기권 24명. 재미있는 것은 후보 명단에도 없는 아데나워 표가 몇 표 나왔다는 것이다.

아데나워는 그리고 들었다. 게르스텐마이어 대통령이 에어하르트 신임 수상을 향해 투표를 수용할 것이라는 물음을.

에어하르트는 답했다. "네, 수용합니다."

아데나워는 수상 선출이 끝난 뒤 에어하르트에게 다가가 그와 몇 마디 이야기를 주고받았다. 그리고 두 사람은 황급히 의사당을 떠났다. 서로 다른 문을 통해서.

아데나워는 후계자 문제에서 지나치게 자신의 권력의지에 의존했던 것 같다. 그리고 후계자 문제가 자신의 의지와 다르게 전체 의견에 따라 순리대로 선출된다는 대세를 너무 경시했던 것 같다. 그것도 어쩌면 그의 권위주의적인 스타일에서 기인된 것인지 모른다.

chapter 14

재상 민주주의
— 독일식 내각 책임제

아데나워와 로비스트 정치

―
재상
민주주의
―

■
■
■

　오늘날 아데나워의 유산 중 독일에서 목도할 수 있는 것이 재상 민주주의이다. 논자들 가운데는 재상 민주주의는 아데나워 시대에서 끝났다고 주장하는 이들도 있다.
　허나 재상 민주주의는 아데나워 시대의 원형에서 꾸준히 발전되어 왔다고 보아야 할 것이다.
　독일어로 "칸츨러 데모크라티Kanzler Demokratie"라고 하는 재상 민주주의는 말하자면 독일식 내각 책임제이다. 수상이 정책결정 과정에서 최고의 권한을 갖는 이른바 재상 민주주의를 독일 시스템으로 토착화시킨 당사자가 아데나워였다.
　1950년대 서독에서 실행된 재상 민주주의는 영국의 정 부시스템과 비교할 수 있다. 영국에서 1차 세계대전까지 내각의 각료단이 권위있는 정치적 의사결정센타였다.
　1920년대 이래 수상은 그 내각에서 지도적 역할을 맡아 왔다.

그 이래 영국 정부는 수상 정부로 특징지워졌다.

수상은 내각을 전문화시켜 조정, 지도과제라는 수상 업무와 내각의 각 부처 업무와 분명한 차별을 둔다. 따라서 수상이 실각할지라도 정부 각료 가운데 어느 누구도 내각 버스의 뒷좌석에서 핸들 조정을 할 수 없다.

재상 민주주의의 특징을 알아보기에 앞서 독일어에서 수상이라고 하는 "KANZLER, 칸츨러"라는 단어의 유래를 살펴볼 필요가 있다.

칸츨러는 라틴어 〈cancellarius〉에서 유래했다. 중세 시대에 칸츨러는 왕이나 제후를 보좌하는 최고위직을 의미했다. 이 직책은 카롤링거 왕조에 이르러 정치적 의미를 획득했고, 1806년 독일연방인 신성로마제국이 해체할 때까지 존속했다.

이어 프러시아에 이르러 다시 카이저라는 단어가 등장하면서 수상실이라는 개념이 부활됐다. 비스마르크는 1871년 독일 제국 창설 이후 자신을 분데스 칸츨러라며 연방재상이라고 호칭했다.

제국 의회는 전 국민의 남성대표들에 의해 보통, 비밀 선거에 의해 선출됐다. 의회는 제국 정부와 아무런 영향력을 행사할 수 없었다.

재상은 당시 전적으로 황제의 신임에 달려 있었다. 비스마르크 치하에서 정치적 독립 관계는 전도된 모습을 보여 주었다. 따라서 1871년 독일 제국 당시의 정부 시스템은 재상 권위주의라고 이름 붙일 수 있다. 이어 바이마르공화국은 정부 수반의 직책을 제국 수상으로 이어받았다.

국민 회의는 의회 정부 시스템을 도입하였는데 정부는 제국의회의 다수의 신임에 의존해야 했고 그래서 불신임 투표로 사퇴할 수 있었다. 바이마르는 그러나 이중적 헌법체계로 말미암은 정당 급진화로 인해 재상 민주주의를 발전시켜 나가지 못했다. 그후 1945년 서독 정부 수립 이후 재상 민주주의는 다시 각광받기 시작했다.

전후 재상 민주주의는 바이마르의 교훈, 즉 정치적 불안정으로 인한 혼란을 극복하고 안정된 정부 형태가 유지되어야 한다는 공감대에서 폭넓은 지지를 받았고 이는 헌법인 기본법이 보장하는 강력한 수상의 권한을 보장하는 길을 열었다. 즉, 재상 민주주의를 위한 근거가 미약하면 권력 누수, 수상의 사퇴 내지 실각의 결과를 가져오고 이는 정국 불안으로 이어진다는 인식에서였다.

기본법에 정부 안정을 위한 장치를 명문화시켜 놓고 있다. 독일 기본법 67조는 다음과 같이 규정하고 있다.

"연방하원, 즉 분데스탁은 의원 다수결로 후임자를 선출할 경우에 수상을 불신임할 수 있다." 이른바 수상에 대한 건설적인 불신임 조항이다.

67조는 이어 "분데스탁은 동시에 연방 대통령에게 수상의 해임을 요청한다."라고 명시하고 있다. 그렇게 되면 대통령은 요청에 따라야 하고 불신임 투표를 위한 신청과 선출은 48시간 안에 이루어져야 한다. 이 조항은 수상에 대한 불신임 남용을 막기 위해 불신임 조건을 수상에게 유리하도록 강화시켜 놓은 것이다. 즉 후임 수상이 정해졌을 경우라는 단서를 달아 무조건적으로 불신임 조항이 남용되는 것을 제도적으로 차단하고 있는 것이다. 다시 말해서 현직 수상을 반대하는 의원들 또는 당파는 공동 수상후보에 합의해야만 하고 새로운 정부 구상에 합의해야만 가능한 것이다. 이 점이 이탈리아와 일본의 내각책임제와 차별되는 대목이다.

전후 서독정치 50년사에서 수상 불신임이 실현된 경우는 딱 한 번 있었다. 1982년 당시 수상이었던 사민당의 슈미트가 기민·기사연맹과 자민당이 옹립한 헬무트 콜 총리에 당시 겐셔가 이끄는 자민당은 사민당과의 연정을 결별하고 기민당과 새로 손을 잡으며 정권교체를 이룩하였다.

이를 두고 독일 정가에서는 노회한 정치 9단 겐셔가 장난을 친 '정치적 간통'이라고 부르기도 한다. 그때 연정을 구성한 기민당과 자민당은 현재까지 연정을 유지하면서 기민당의 콜 당수가 수상으로 재임하고 있다.

당시 불신임으로 실각한 슈미트 수상은 1982년 10월 1일 의회에서 저 유명한 고별연설을 행했다.

슈미트는 "불신임 투표가 법적으로는 정당하지만 도덕적으로 정당화 될 수 있는가?"라고 사자후를 토하면서 콜 정부에게 당부하는 12가지의 테제를 제시했다.

서독 정치에서 불신임이 실행된 경우는 슈미트 수상의 경우 말고 주 정부 차원에서 한 두 차례 정도 있었을 뿐이다. 여기서 우리는 우리 내면 속에 무의식적으로 잠입되어 있는 하나의 편견을 발견한다. 언제부터인가 내각책임제는 정국 혼란을 가져온다는 단언이 바로 그것이다.

분명한 것은 그렇게 배우고 누차 들어왔던 것 같고 그게 부지불식간에 진리처럼 굳어져 버린 것 같다. 그러나 독일식 내각책임제는 정국을 불안하게 한다는 편견을 불식시키고 있다. 오히려 서독은 재상 민주주의를 통해 서독 민주주의의 꽃을 피웠다. 그리하여 바이마르의 악몽의 터널에서 빠져나왔으며 제3제국의 비난에서도 정당성을 확보했다.

그렇다고 내 자신이 정부 형태에서 독일식 내각책임제를 지지한다는 것은 아니다. 단지 어떤 제도나 사안에 대해서 우리가 편견으로 보는 경우가 허다하다는 점을 말하고 싶을 따름이다. 설령 외국의 제도가 제아무리 좋더라도 그대로 우리 땅에 접목되기는 어렵다는 것을 그간 우리는 누차 경험했다. 그 배경에는 단순 이입식의 안이한 접목이 대체적인 원인이겠지만 면밀한 검토와 분석 없이 겉모습만 모방하려는 데서 온 실책도 많았다는 것이다.

정부 형태로써 아데나워의 재상 민주주의는 다섯 가지 특성으로 요약할 수 있다.

첫째, 재상 원칙이다. 아데나워는 재상 원칙을 헌법적 차원에서뿐 아니라 현실정치에서도 실현했다. 다시 말해 아데나워는 수상으로서 부여받은 강력한 지위를 다른 헌법기관에 대해 행사했을 뿐 아니라 정부 기관의 의사결정, 인사정책에도 적용하였다. 재상과 관할 영역, 내각 원칙의 차별화는 그에게 정당성을 갖도록 해

주었다.

정당 정치적으로도 아데나워는 당의 상황과 연계돼 있었다.

그것은 재상 원칙은 정부 수반이 의회의 다수당 내지 집권당으로 지지를 받을 때만 영향력을 갖기 때문이다. 수상은 집권 연정을 이끌고, 연정 파트너의 정치적 이해관계를 고려해야 한다. 이 점은 영국식 수상 제도와 차별되는 점이다.

두 번째 특징은 재상 민주주의는 집권권부 내 내지 유권자의 대다수에서 수상 개인의 위신이 대단하다는 점이다.

수상은 언론의 중심에 서 있고, 독일 정치무대에서 역시 중심인물이다. 따라서 수상이 자리를 포기할 때 그의 수상직은 당연히 위태롭다. 재상 민주주의는 정치적 논쟁에서 강력한 퍼스낼리티에 의해 표출되기 때문이다.

세 번째는 수상직과 집권당 수뇌와의 깊은 연계 관계이다. 수상이 집권당의 의장직을 맡을 수 없을 때 수상은 다른 방도로 자신의 권력의 안전장치를 마련해야한다. 그러나 아데나워의 당에 대한 영향력은 이런 교과서적인 일반론적 최소 요구를 넘어서 절대적이었다. 그는 기민당 내 뿐 아니라 연정 파트너 당 내에서도 재건과 명령형성을 통제했다.

재상 민주주의에서 정당들은 연정에 참여하는 것을 정책의 최우선 목표로 삼고 있다.

재상 민주주의의 네 번째 특징은 집권당과 야당 간의 대립이 정치적 논쟁을 규정한다는 것이다.

여야 간의 엄격한 경계와 찬반 입장의 분명한 차이는 재상 민주주의의 지배수단으로 인식된다. 물론 개별적인 정치 사안에서 정부와 야당 간의 협력은 있었다. 그러나 매스미디어와 일반 국민들의 지배적인 정치 관계에서는 그러한 협력은 배제됐다.

두 정당 진영 간의 엄격한 경계와 찬반 관계는 아데나워 당시 지배 수단으로써 분명하게 인식됐다.

유권자들은 그래서 정치적 양극화 상황에서 선택을 해야 한다. 아데나워는 건국 초기에서부터 전략적 수완을 통해 정치의 양극화와 당 집중을 꾀해 나갔다. 애초 서방의 독일 점령 관련 정당 정책에서 4당 체제 도입이 원칙이었다.

사민당과 공산당, 자유민주그룹과 기민·기사당으로 대표되는 범기독교정당이 바로 그것이다. 그러나 이 같은 4당 도식은 5% 규정에 따라 군소 정당의 의회 진입이 더욱 어렵게 되었다.

5% 규정은 총선에서 유효 득표 가운데 5%를 획득하지 못하면 의회 진입을 할 수 없다는 강제 조항이다. 허나 무엇보다도 주목되는 것은 아데나워가 양당 체제를 의도적으로 몰고 갔다는 것이다.

아데나워는 양당 구도를 위해 자신과 사민당의 슈마허 간의 개인적 대립 관계를 발전시켜 나갔다. 이는 건국 초기 아데나워의 지명도를 일거에 회복하는 작전이기도 했다.

사실 서방 군정 당시 아데나워의 지명도는 슈마허에 비해 새 발의 피였다. 미군 점령 지대에서 슈마허가 40%의 지명도를 획득하고 있는데 반해 아데나워는 거의 무명의 신인이나 다름없었다. 여기에다가 아데나워의 양당화 전략은 실용적인 선거 쟁점의 선택에서도 환상적으로 드러났다.

아데나워는 슈마허와 세계관 문제를 정치 쟁점으로 삼았다. 여기에다가 교회와의 관계 문제를 부각시켰다. 슈마허는 교회의 중립을 촉구했고, 카톨릭 교회를 "제5의 점령군"이라고 비난했다.

마지막으로 수상이 외교정책에 깊숙하게 개입하는 것이 재상 민주주의의 전형적인 특징이라고 말할 수 있다.

서독 건국의 외교정책의 첫 번째 조치는 아데나워의 구상에 따라 수상실이 준비했다. 서독 외무부가 공식적으로 발족한 뒤에도 변화는 없었다. 왜냐하면, 수상은 외교정책을 수상으로서의 특권으로 보았기 때문이다.

아데나워는 외교 대통령이라고 할 정도로 외교 문제에 관한 한 혼신의 정열을 쏟았다.

그는 경제 문제에 관해서는 어두웠고 그래서 경제 문제는 에어하르트에게 전적으로 맡겼다. 아데나워는 재상으로서 외교정책상 목표를 독일 외교정책의 근본적인 3가지 실책의 되돌림에 두었다. 즉, 국가의 절대 지배권, 물질주의적 세계관 그리고 민족주의가 그것들이다. 이를 토대로 아데나워는 두 가지 방향에서 외교정책의 우선순위를 두었는데 소련 제국의 지배권 확대를 저지하고 독일 역사에서 잘못된 결정을 바로잡았다.

이 같은 신념으로 아데나워는 내각에 앞서 외로운 결단을 내렸고 이를 정당화하기 위해 특유의 설득력을 발휘했다. 아데나워가 고독한 결단으로 추진한 독일 조약과 나토 가입 그리고 소련에서 전쟁포로 송환 문제 등의 사건들은 서독의 발전에서 중요한 계기가 되었다.

아데나워는 재상 민주주의의 구축을 위해 수상실과, 공보처 두 개의 기관을 설립했다. 수상실의 주 업무는 수상의 정책을 준비, 실현하기 위한 정치적 실무 기능의 업무를 맡고 있다.

내각의 업무를 조정하는 역할을 맡고 있다. 또한, 수상실은 의회와 당 그리고 이익단체와 통로를 유지하는 연락사무소 역할을 한다.

수상실의 창설과 조직은 아데나워가 정치를 장악하는 데 결정적인 장치로 역할을 했다.

비서들은 수상의 지시에 일사불란하게 움직였고, 이에 따라 아데나워는 자연스럽게 본 정치 무대의 핵이 되었다. 아데나워 정부는 사실상 수상실이 정한 우선순위에 따라 기능을 했다.

더욱이 점령 지위를 청산하지 못하고 연합국의 감독에 따라 독자적인 외교 기능을 수행하지 못했다는 점이 아데나워의 권력 장치의 기능을 강화하는 데 간접적으로 기여했다.

외교 업무는 내각의 소관이 아닌 수상실 소관이 되었으며 이는 1955년 하인리히 폰 브렌타노가 외무장관으로 임명될 때까지 지속됐다.

독일의 재무장 문제가 제기됐을 때도 그 본부는 수상실 내에 설치됐다. 나치 시대의 장군을 지낸 쉬베린의 주도하에 극비리에 진행된 독일 재무장 움직임은 수상실이 지휘탑이었다.

아데나워는 수상에서 더 나가 외무, 국방장관의 역할을 사실상 맡고 있었던 셈이다. 결국, 3가지 국가 주요 기능을 쥐고 있었기에 아데나워는 자동적으로 서구통합과 재무장 등 건국 초기 근본적인 문제들을 단독적으로 입안하고, 협상하고, 결정할 수 있었다.

이 같은 재상 민주주의가 가능하게 된 데는 헌법인 기본법의 뒷받침이 있었기 때문이다.

기본법에 따라 수상의 지위는 대통령이나 의회에 비해 상대적으로 강화됐다.

바이마르 시대 혼란을 극복하기 위한 제도적 장치였다. 수상은 정책의 방향을 결정할 수 있을뿐더러 각료 임명, 제청권도 갖고 있었다.

수상은 오직 의회가 후임자를 통한 불신임 선거에서 가결될 때만이 물러난다는 조항도 신설됐다. 수상은 각료를 신속하게 교체할 수 있는 권한이 있었다.

내각의 각료는 수상의 지위 강화에 따라 일종의 병마였고, 연정관계에 따라 희생되는 경우도 허다했다. 아데나워의 권위주의적이고 비민주주의적인 지도 스타일 때문에 각료가 사퇴하는 일이 벌어지기도 했다.

내무장관 구스타프 하이네만이 재무장 문제를 논의하기 위한 내각 회의석상에서 사퇴하는 사건이 벌어지기도 했다. 이유는 수상 아데나워와 의견을 달리했기 때문이었다.

그러나 속 깊은 이유는 하이네만이 아데나워의 정보 정책에 분노를 했기 때문이었다. 아데나워 정부의 운영 방식과 방법에 반기를 든 것이었다. 그러나 아데나워는 각료나 당 동료들을 정보기관을 통해 사찰하는 것에 대해 부끄러워하지 않았다. 아데나워는 개개인의 풍설에 관심이 많았고 그것을 정치적 압박 수단으로 이용했다.

재상 민주주의 대한 연구 업적을 갖고 있는 아눌프 바링은 아데나워의 이 같은 공작 정치를 "시류에 아랑곳하지 않는 마키아벨리적인 수법이다."라고 규정한다.

아데나워와 로비스트 정치

라인 강의 권력은 아데나워의 손아귀에 있었지만 다른 한편으로는 이익단체들의 입김에 흔들리기도 했다.

아데나워가 내각과 의회를 넘어 막강한 힘을 행사했지만 이익단체들의 로비에는 약했다.

그 이유는 간단했다. 이익단체들이 아데나워에게 수백만의 표로 연결되었기 때문이다.

혹자는 1950년대 서독 민주주의를 이익단체 민주주의라고 비아냥댄다. 아데나워가 이익단체의 요구에 항복해 수백만의 표를 값비싸게 샀다는 것이다. 당시 서독 경제 기적의 이면에는 보조금

기적이 있었다.

　전후 식량, 주택 등의 상황이 긴박해지면서 국가 장려금과 보조금의 지원 역시 필요했다. 그래서 선거가 임박하면 기민당의 금고는 언제나 비어 있었고, 농업·산업계의 로비스트들이 본의 거리와 고급 식당을 활개쳤다.

　당시 집권당인 기민·기사연맹은 사민당과 달리 당원정당이 아니었다. 조직 면에서 사민당에 비해 열세였다. 따라서 당 재정은 당원들 회비에 기대할 수 없었고 헌금이나 기부금에 의존할 수밖에 없었다. 아데나워는 이를 너무 잘 알고 있었다.

　자유경제사회에서 이익단체의 로비 자체를 무조건 악으로 규정할 수 없으며, 로비스트들의 돈과 파워 간의 싸움에 아데나워 혼자 책임질 일은 아니지만 그런 분위기를 장려했음은 의심할 나위가 없다.

　아데나워의 이인자였던 경제장관 에어하르트는 기회가 있을 때마다 아데나워에게 "큰 목소리로, 힘있게 소리치는 놈들만이 승리하면 민주주의는 똥개 앞에 무릎 꿇는다."라면서 대규모 이익단체의 압력에 저항할 것을 경고했었다.

　그러나 에어하르트의 충고는 그 자체가 순진한 것이었다. 아데나워는 권력과 금력의 관계에서 그들 단체들과 생각이 다르지 않았고, 아데나워는 나름대로 이익단체들을 자신의 정치에 이용했던 것이다.

　아데나워는 이익단체들의 행사에 빈번히 얼굴을 내밀었다. 농

민협회를 비롯해 실향민단체, 경영자협회모임 등에서 연설하는 것을 꺼리지 않았다. 단지 노동조합 모임에만은 드물게 모습을 나타냈었다.

아데나워의 이익단체들과 이러한 밀월은 자연 내각에도 영향을 미쳐 의회의 많은 의원들도 이익단체의 "앞잡이" 비슷한 일을 서슴없이 했다.

산업이나 농업분야의 의회 입법과정이나 위원회에 로비스트들도 참석하는 일도 있었다. 아데나워의 이러한 이익 단체장들과의 친분 관계는 궁극적으로 법조, 공공기관, 학교, 대학 등 사회 각 분야에서 보수주의를 정착시키고 유지시키는 것을 강화했다.

아데나워 시대 이념적 성향이 좌파는 절대 아니었지만 우파 쪽으로 기울게 하는 요인으로 이익단체 정치가 영향력을 미쳤다.

서독의 보수주의적 민주주의는 그러나 한편으로 서독 시민사회의 전통적인 덕목인 의무, 근면, 국사와 일터 그리고 가족 관계에서 상사와 웃어른에 대한 복종이 다시금 사회 속에 배어났다.

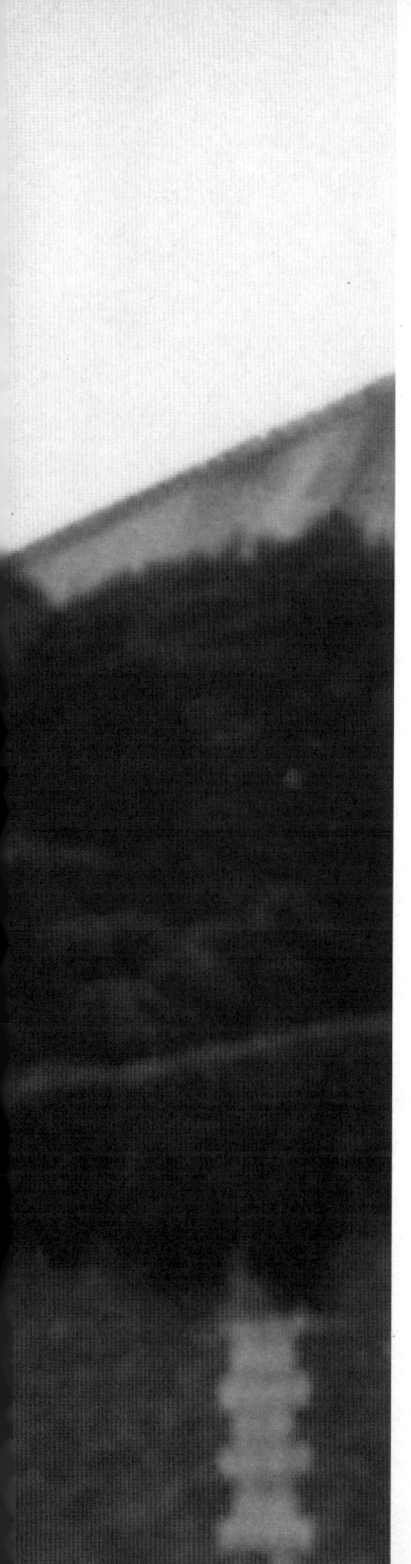

chapter 15

마지막 여행, 이스라엘

―
마지막 여행,
이스라엘
―

아데나워는 1966년 3월에 기민당 당의장직을 사임했다. 아데나워는 수상직에서 물러난 뒤에도 당의장직은 유지해 정치 일선에서 완전히 손을 떼지는 않고 있었다.

따라서 그가 완전한 자유인으로 연금생활을 보낸 시간은 얼마 되지 않았다. 그만큼 아데나워는 죽는 날 까지 권력의 근처에 머물렀었다.

아데나워는 수상에서 물러난 뒤 가장 심혈을 기울였던 일이 회고록 집필이었는데 생전에 계획했던 4권을 완간하지 못한 채 1965년 9월 제1권이 출간됐다. 출간 석 달 만에 16만 부가 팔리는 등 대단한 성공을 거두었다. 이어 66년 말 제2권을 완성했으며 나머지 두 권은 미완성인 채로 숨을 거두어 그의 사후에 출간되었다.

아데나워는 회고록 집필을 가속화하기 위해 그가 평생 휴양지로 삼았던 이탈리아의 카데나비아에 서너 달씩 머물며 작업을 했지만 그는 전기 작가는 아니었다. 회고록 작업은 마음만큼 빠르게 진척되지 않았다.

카데나비아를 부연 설명하면 독일의 이탈리아 국경 지대에 위치한 아름다운 호반인 코모 인근의 작은 마을로 아데나워는 수상 재임 14년간 휴가를 이곳으로만 갔다.

독일 수상들에게는 별도의 동계, 하계별장이라는 게 없다. 헬무트 콜 수상도 여름휴가를 남부 독일의 텡겐제라는 내륙호수로 취임 이후 지금까 매년 거르지 않고 가고 있는 점 역시 똑같다. 휴가지나, 휴가의 행태가 일반인들의 그것과 거리감을 두고 있지 않다는 점을 쉽게 관찰할 수 있다.

아데나워가 카데나비아에서 회고록 작업을 잠시 멈추고 자신의 일생에서 가장 극적인 여행을 한 것은 바로 이스라엘행이었다.

1966년 5월 초에 이뤄진 아데나워의 이스라엘 방문은 국빈 방문으로 모든 상징적 요소를 갖춘 대여행이었다. 아데나워의 방문은 마치 서독 수상의 방문 같았으며 세계 언론들로부터 화려한 주목을 받았다.

1963년 아데나워의 수상 퇴임 시 벤 구리온 수상의 방문 초청을 받아 놓은 뒤 1965년에 방문하려 했던 계획이었다. 그러나 아데나워의 방문에 장애물들이 돌출했다.

이스라엘 공산주의자를 비롯해 민족주의자들의 반대가 거셌다. 벤 구리온의 후임 수상으로 취임한 레비 에쉬콜 역시 비판적인 입장이었다.

아데나워의 이스라엘 방문은 개인적인 불안과 정치적 고려라는 복잡한 상황 속에 시작됐다. 공항에는 벤 구리온과 골드만이 영접을 나왔다. 아데나워는 흥분된 모습을 감추지 못했다.

"수상 재임 시 이스라엘 방문을 생각해 본 적이 없다"고 말했을 정도로 아데나워는 방문 초청을 기적으로 여기고 있었다. 그러나 아데나워의 방문은 소용돌이의 연속이었고 전직 국가원수로선 수모에 가까운 일들이 발생했다.

공항에서부터 데모대가 맞았다. 이스라엘 당국은 그에 따라 특별 경찰로 경호를 했다. 그러나 아데나워를 격분케 한 것은 시위대들의 성난 모습이 아니었다.

방문 이틀째 날 수상 에쉬콜의 저녁 만찬 초대가 있었다. 에쉬콜의 만찬 연설은 노골적이고 직설적이었다.

"독일의 이스라엘 배상은 단지 피의 약탈 행위에 대한 상징적인 보상만을 표현한다고 할 수 있습니다. 만행에 대한 죄의식과 이스라의 비통에 대한 신뢰가 없습니다."

에쉬콜은 아데나워가 공들여 온 독일과 이스라엘 관계를 완전히 무효로 간주했다. 아데나워는 순간 자신이 20여 년간 추구해 온 대이스라엘 화해라는 정치적 업적이 총체적으로 불신 받는 모욕을 느꼈다. 아데나워가 입을 열었다.

"선의가 인정받지 못한다면 선의로 나오는 선행이 있을 수 없습니다."라고 에쉬콜을 맞받아 쳤다. 만찬 분위기는 갑자기 썰렁해졌다. 아데나워는 즉각 이스라엘을 떠나겠다고 언성을 높였다.

킹 데이비드 호텔에 돌아온 아데나워는 "살인적 전투"였다고 흥분을 가라앉히지 못했다.

에쉬콜은 아데나워의 출국 전 다시 만나 몇 마디 사과를 하는 것으로 이스라엘에서의 스캔들은 끝났다.

* * *

아데나워는 1967년 4월 19일 이승을 떴다.

아데나워는 병상에 모인 아들과 딸에게 "울 이유가 없다."는 말로 마지막 말을 대신했다. 아들 마르크스와 파울은 아버지가 고요히 숨을 거두었다고 말했다. 아데나워는 정치적 유언을 남기지 않았다.

아데나워의 죽음은 다시 한 번 그가 미디어의 영웅이자 보통 사람임을 보여 주었다. 세계 언론은 뢴도르프로 몰려들었고, 일반 국민들은 마치 할아버지의 죽음처럼 받아들였다. 비통함이 서독의 가정과 거리를 메웠다.

국가와 국가 지도자는 위엄을 가져야 한다는 그의 지론처럼 아데나워의 장례식은 엄숙하게 진행됐다. 그건 생각을 공유했던 아데나워의 측근 글로브케의 아이디어이기도 했다.

독일사에서 아데나워와 같은 형식의 장례가 치러진 것은 1888년 빌헬름 1세의 죽음 때였다.

오스터펠드는 아데나워의 국장 행사를 위해 2년 전 사망한 영국

▲ 아데나워 묘지

처칠의 국장 칼라 비디오를 관료들과 면밀히 검토했다. 거기서 그들은 몇 가지 힌트를 얻었다. 장례식 행사는 그 나라의 전통을 대표할 수 있는 대성당에서 엄수하고 전 행사는 텔레비전 생중계를 하며, 매장은 수도에서 떨어진 단출한 시민묘지에 한다는 것이었다.

아데나워의 장례식에는 25개국 국가원수와 100여 개국 외교사절이 참석했다. 드골이 왔고, 존슨 미대통령이 날아 왔으며, 이스라엘의 벤 구리온이 참석했다. 자유세계에서 시행된 대규모 국상이었으며, 이는 아데나워를 통해서 서독이 서구 민주사회에 들어갔음을 보여주는 상징이기도 했다.

아데나워의 집무실 샤움부르크에서 국장 행사를 마친 유해는 쾰른성당에서 미사에 이어 뢴도르프로 운구되었다. 그런데 쾰른에서 뢴도르프로 운구될 때 라인 강 다리를 건너지 않고 라인 강의 선박으로 운구하는 독특한 형식을 취했다. 고향 쾰른 시민들이 라인 강 변으로 나와 흐느끼며 아데나워를 보냈다. 이는 뢴도르프의 묘지에 날이 어두워지기 전에 도착하기 위해서였다.

아데나워는 이미 사별한 두 부인 엠마와 구시 곁에 묻혔다. 에른스트 에르트는 세계 각국의 황제와 수뇌들이 한 독일 정치가의 관을 묘지까지 따라간 일은 역사상에 없던 일이라고 평가했다.

이처럼 지금의 독일이 있게 했으며 현재는 물론 영원토록 독일인들의 가슴 속에 살아있을 콘라드 아데나워는 91세라는 나이로 뢴도르프 자택에서 그리 멀지 않은 가족 묘지에 안장됐다.

▲ 회고록을 집필하고 있는 아데나워

〔아데나워 연보〕

1876. 1. 5   아데나워 독일 쾰른에서 출생.
1901.   베를린 사법관 시보시험 합격, 변호사 자격 취득.
1904. 1.   엠마 바이어와 결혼.
1906. 3. 7   쾰른 부시장에 임명되다.
1909.   쾰른 제1부시장이 되다.
1914. 8.   제1차세계대전 발발.
1916. 10. 11 첫 부인 엠마 아데나워 사망.
1917. 10. 17 아데나워 쾰른 시장에 선출되다.
1918. 11. 11 제1차세계대전 종결.
1919. 9. 2   아데나워 두번째 부인 구시 친서와 재혼.
1933. 3.   나치정권에 의해 공직에서 쫓겨남.
1939. 9.   2차대전 발발.
1944.   나치에 수감된 뒤 풀려남.
1945. 3.   미군당국의 요청으로 쾰른시장에 복귀.
1945. 5. 8   독일, 연합국에 무조건 항복.
1945. 10. 6 아데나워, 영국군정에 의해 쾰른시장직 박탈당함.
1946.   영국군점령지구 기민당 의장으로 선출됨.
1948.   두번째 부인 구시 아데나워 사망. 이후 아데나워 홀아비로 지냄.
             입법회의 의장으로 기본법 기초작업에 참여.

1949. 9. 15 아데나워 초대 서독 수상으로 선출됨.

1953.   수상 재선.

1955.   서독 주권회복.

            아데나워 모스크바 방문, 소련과 외교관계 수립.

1957.   아데나워 3선 수상.

1958.   후르시쵸프 베를린 최후통첩.

            드골 대통령 취임.

1959.   아데나워 대통령직에 일시 출마. 그러나 곧 사퇴.

1960.   아데나워 드골 방문.

1961.   아데나워 4선 수상으로 선출됨.

            베를린장벽 구축

1962.   슈피겔 사건으로 슈트라우스 국방장관 사임.

1963.   독·불 우호조약 체결.

            아데나워 수상직 사퇴.

            미국 케네디 대통령 달라스에서 저격 살해됨.

1966.   아데나워 당의장직 에어하르트에게 인계.

            아데나워 이스라엘 방문.

1967. 4. 19 아데나워 뢴도르프에서 사망

〔참고 · 인용 문헌〕

■ 독일 문헌

Hans-Peter Schwarz : Adenauer Band 1. 2., München. 1994
Henning Kohler : Adenauer, Berlin 1994
Gösta v. Uexkull : Adenauer, Hamburg 1987
Anneliese Poppinga : Das Wichtigste ist der Mut, Konrad Adenauer-die letzten fünf Kanzlerjahre, Bergisch Gladbach. 1994
Anneliese Poppinga : Meine Erinnerungen an Konrad Adenauer, Stuttgart. 1986
Daniel Koerfer : Kampf ums Kanzleramt, Stuttgart. 1987
Hans Klein(Hrsg) : Die Bundeskanzler Berlin. 1993
Wilhelm von Sternburg : Adenauer, Frankfurt am/M 1987
Wilhelm von Sternburg(Hrsg) : Die deutscher Kanzler, Frankfurt am/M. 1994
Karlheinz Liclauss : Kanzlerdemokratie, Bonner Regrerungspraxis von Konrad Adenauer
bis Helmut Kohl, Stuttgart. 1988
Eduard Ackermann : Politiker, vom richtigen und vom falschen Handeln, Bergisch Gladbach. 1996
Wolfgang Jäger : Wer regiert die Deutschen, Osnabrüch 1994
Golo Mann : Deutsche Geschichte des 19 und 20 jahrhunderts, Frankfurt am Main 1992
Helmut Kohl : Ich wollte Deutschlandseinheit, Berlin. 1996.

■ 영문 문헌

Horst Osterheld : Konrad Adenauer Stuttgart 1983
Dennis L. Bark and David R. Guess : From Shadow to Substance 1945~1963
  A History of West Germany Band 1, Oxford 1989
A Cruig and Francis L. Loewenhein : The Diplomats 1939~1979, New jersey 1994
Howard Gardner : Leading Minds, Anatomy of Leadership, New York. 1995
Garry Wills : Certain Trumpets, The Nature of Leadership, Simon & Schuster New York. 1994
James MacGregor Bums : Leadership, New York 1979
Wilsford : Political Leaders of Contemporary Western Europe, London 1995
Vincĕnt Wright(ed) : Political Leadership in Liberal Democracy, London 1995
Richard Nixon : Leaders, New York 1982.

■ 한글 문헌

김상룡 역, 〈정치가란 무엇인가〉, 유나이티드컨설팅그룹. 서울 1992
임홍빈 역, 〈권력은 어떻게 만들어지는가〉, 문학사상사. 서울 1996
구광모, 〈대통령論〉, 고려원. 서울. 1986
최호근 역, 〈독일역사주의〉, 박문각. 서울. 1992
계간 사상, 통권 14호, 1992년 가을호

■ 일본 문헌

大嶽秀夫 : 아데나워와 요시다, 中央公論社. 東京 1986